생태 문명, 자연 에너지로부터

장유운 지음

생태 문명,
자연 에너지로부터

라틴아메리카의 바람과 그린 수소가 여는 새로운 길

알렙

화석 에너지에서 자연 에너지로, 생태 문명 전환

인류 문명의 역사는 에너지와 깊이 맞닿아 있다. 나무에서 석탄으로, 석탄에서 석유와 천연가스로, 그리고 오늘날 재생에너지로 이어지는 전환의 흐름은 인류의 삶과 사회 구조를 근본적으로 변화시켜 왔다.

산업혁명 이전, 철을 제련하기 위해서는 막대한 양의 나무가 필요했다. 나무는 에너지 밀도가 낮아 그대로 사용할 수 없었고, 숯으로 가공한 뒤 연료로 쓰였기 때문에 삼림 자원의 소모는 더욱 가속화했다. 그 결과 많은 지역에서 숲이 급속히 사라지며 에너지 부족 현상이 발생했다.

18세기 영국은 이른바 '에너지 헝거(Energy Hunger)'에 직면했다. 숲이 황폐해지고 땔감이 고갈되면서 국가적 존립마저 위협받던 영국을 구한 것은 땅속 깊이 묻혀 있던 석탄이었다. 석탄은 철의 대량 생산을 가능하게 하며 산업혁명을 시작하게 했다, 석유는 내연기관을 움직여 자동차의 대중화를 이끌었다. 오늘날의 합성 섬유 의류, 플라스틱, 스마트폰 문명 역시 석유 에너지를 사용하고 있다.

3억 년 전 고사리와 거대한 나무들이 지각 변동 속에 매몰되어 석탄이 만들어졌다. 그리고 해양 생물들이 바다에 쌓이고 수천만 년에 걸쳐 열과 압력을 견디며 석유와 천연가스가 만들어졌다. 이 세 가지 화석 에너지가 산업혁명을 이끈 원동력이었다.

그러나 화석 연료 사용은 인구 증가, 경제 성장과 더불어 사용량이 급속히 증가했고, 그 영향으로 지구 온난화라는 부작용을 겪었다. 1992년 브라질 리우에서 열린 환경 회의 당시만 하더라도 기후변화의 실체에 대한 논쟁이 있었다. 그러나 지금은 매년이 가장 더운 해로 기록될 정도로 지구 온난화가 심각해지고 있다.

인류가 맞이하고 있는 기후위기는 더 이상 과학자들의 경고로만 받아들일 수 없게 되었다. 기록적인 폭염과 가뭄 그리고 장마, 대형 산불과 해수면 상승은 일상이 되었다. 인류는 이러한 기후변화의 원인을 잘 알고 있다. 과학자들이 설명하지 않아도 많은 사람들은 인류가 사용해 온 화석 연료가 지구 온난화에 기여한다는 사실을 이미 잘 알고 있다.

화석 연료가 인류에게 준 풍요의 대가를 혹독히 치르고 있는 것이다. 인류가 불과 200년 동안 사용한 화석 연료는 생각해 보면 수억 년 동안 깊은 땅속에 묻혀 있던 탄소를 대기라는 공간으로 흩어지게 했다. 탄소가 대기로 배출되는 양이 증가할수록, 지구의 온도도 증가했다. 또 화석 연료의 사용량이 증가할수록 기온 증가도 가속화했다.

이제 기후변화라는 단어는 기후위기를 넘어 기후 재앙으로 인식되고 있다. 인류는 문명을 지속하기 위해 새로운 에너지 전환을 준비하고 있다. 보이지도 않고, 냄새도 없고, 오염도 없는 에너지, 즉 자연 에너지의 이용을 확대하고 있다.

산업 문명은 더 효율적이고 더 저렴한 연료로 전환을 이루어 내었다. 그러나 지금은 인류의 생존이 걸려 있는 문제다. 이제 세계는 탄소 중립이라는 거대한 담론을 중심으로 에너지 전환을 시도하고 있다.

기업의 경쟁력과 투자자의 척도가 된 ESG 경영과 RE100은 생존의 조건이 되고 있다. 글로벌 기업들은 부품을 납품하는 자회사나 공급망 전체에 재생에너지의 사용을 요구하고 있다. 탄소 중립, ESG 경영, RE100은 더 이상 환경 보호 운동을 위한 단순한 구호가 아니라 기업의 존망을 결정할 새롭게 형성되고 있는 무역 장벽이라 할 수 있다.

우리나라는 이 상황에서 어느 수준의 재생에너지를 사용하고 있을까? 사실 우리나라의 상황은 더욱 절박하다. GDP 대비 에너지 소비량인 에너지 원단위가 주요 선진국보다 월등히 높다. 우리나라는 에너지 집약적 산업 구조를 가지고 있기 때문이다. 그래서 탄소 중립을 위한 탄소 배출 규제는 곧 산업 경쟁력의 상실로 이어질 수 있다.

에너지 피크를 이미 지나 경제 성장이 에너지 소비 증가와 분리된 국가들과 달리, 우리나라는 여전히 더 많은 에너지를 써야만 성장할 수 있는 구조에 갇혀 있다. 그렇다면, 탄소 중립 시대에 우리가 가야 할 길은 명확해져 있다. 그 중심에는 탄소를 배출하지 않는 깨끗한 에너지, 즉 태양과 바람이 있다. 이것은 자연과 공존하며 지속 가능한 생태 문명으로 나아가는 새로운 길이라 할 수 있다.

이 책은 인류 문명의 근간이 된 에너지의 과거를 살펴보고 현재의 위기를 진단하며, 미래의 대안을 구체적으로 모색하고자 총 7장으로 구성되었다.

1장에서는 석탄과 석유가 어떻게 생성되었고, 문명의 틀을 마련했는지, 그리고 그 과정에서 인류가 마주했던 초기 에너지 위기들을 살펴본다. 2장에서는 새로운 규칙으로 탄소 중립과 RE100 등 파리 기후 협정 이후 세계 경제를 지배하게 된 새로운 규범들을 분석한다. 그리고 탄소 배출이 어떻게 비용이 되고, 재생에너지가 어떻게 자본이 되는지를 다룬다.

3장에서는 생태 문명과 에너지 전환이 단순히 연료를 바꾸는 것을 넘어, 사회 시스템 전체를 생태적으로 재설계해야 하는 이유와 에너지 전환의 배경을 설명한다. 4장은 무탄소 전기와 미래의 투자, 즉 에너지의 전력화 추세와 이를 뒷받침하기 위한 글로벌 자본의 흐름을 분석한다.

5장은 하늘에서 내려온 빛인 태양 에너지의 발전 원리부터 전 세계적으로 성공적인 보급 원인에 대해서 살펴본다. 6장은 바람의 힘으로 수백 미터 높이의 거대 터빈으로 진화한 풍력 발전을 다룬다.

7장은 새로운 프런티어로 세계 최고의 태양광과 풍력 자원을 보유한 칠레를 조명한다. 칠레가 꿈꾸는 그린 수소 경제가 한국에 어떤 전략적 기회를 제공할 수 있는지 구체적으로 제시한다.

왜 지금 중남미와 에너지를 말하는가. 오랫동안 중남미의 환경과 기후를 연구해 온 저자가 에너지라는 거대 담론에 뛰어든 이유는 명확하다. 라틴아메리카는 전 세계에서 가장 풍부한 생태 문명을 갖추고 있지만, 기후변화로 생태 위기 또한 가장 가파르게 진행되는 곳이다.

반면, 라틴아메리카는 이러한 위기를 극복할 가장 강력한 열쇠를 갖고 있는 대륙이다. 중남미 원주민들의 철학인 부엔 비비르(Buen Vivir, 좋은 삶)는 단순히 물질적 풍요를 좇는 것이 아니라, 자연과 인간이 조화를 이루며 사는 삶을 뜻한다. 이러한 생태 철학은 현대의 에너지 전환 담론과 완벽히 궤를 같이한다.

칠레 아타카마 사막의 뜨거운 태양과 파타고니아의 거친 바람은 단순한 자연 현상이 아니다. 그것은 인류를 탄소의 감옥에서 해방할 소중한 자산이다. 이 책을 통해 자연 에너지로의 전환이 우리 아이들이 살아갈 미래 문명의 기초를 다시 닦는 일로 인식되기를 바란다. 칠레의 바람과 한국의 기술이 만나 그린 수소라는 결실을 본다면, 서로 다른 분야의 협력이 기후위기 해결의 단초가 될 것이다.

자연은 변하고 있다. 그러나 자연의 본질은 변하지 않는다. 진정한 생태 문명은 가장 오래된 자연 속에 존재한다. 매일 우리를 비추는 햇살과 매일 불어오는 바람 속에 우리의 생존 방법이 들어 있다. 생태 문명이 문명을 지속 가능하게 한다. 이 책이 생태 문명을 향한 불씨가 되기를 기대한다.

2026년
저자 씀

CONTENTS

제 1 장

산업 문명의 에너지

화석 연료

화석 연료의 생성

석탄, 석유, 천연가스는 모두 오랜 세월 전에 지구에 살았던 생물들의 잔해가 땅속에 묻혀 만들어진 결과물들이다. 즉, 어떤 생물이 어느 지역에 있었느냐에 따라서 석탄, 석유, 천연가스의 형태로 결정된 것이다.

석탄은 식물에서 비롯되었다. 약 3억 년 전 석탄기에 지구가 거대한 밀림으로 뒤덮였던 시기부터 시작된다. 이 시대에 있었던 고사리류와 나무들이 특히 늪지대에 쓰러져서 쌓이면 산소가 차단되어 썩지 않고 유기물만 남은 이탄층을 형성한다. 이 시기에 고사리류와 나무들은 20-30미터에 달한 것으로 알려졌다. 이 이탄층 위에 퇴적물이 쌓이면서 수백 기압의 엄청난 압력이 가해지고 수십에서 200도 수준의 고열이 발생한다. 이 과정에서 수분과 불순물이 빠져나가고 탄소만 응축되면서 단단한 돌 형태의 석탄만 남는다. 응축 과정은 이탄, 갈탄, 역청탄, 무연탄 순서로 탄소의 순도가 높아지면서 탄소 함량 증가와 함께 발열량이 증가한다. 이렇게 석탄은 주로 고생대 석탄기에 육지에서 형성되었으며, 이 시기 이후에는 나무를 분해하는 생물들이 출현하면서, 대규모 석탄 생성은 줄어들었다.

석유와 천연가스는 육지가 아닌 바다와 호수에서 주로 만들어진다. 석유와 천연가스는 보통 같은 장소에서 함께 발견되는 경우가 많다. 그 시작은 근원암(source rock)이라 불리는 지층이다. 플랑크톤과 같은 유기물들이 바다에 가라앉아 미세한 점토 입자들과 섞이며 퇴적층을 형성한다. 이렇게 유기물이 풍부하게 포함된 지층이 바로 석유가 만들어지는 근원암이 된다.

근원암 위에 새로운 퇴적물이 계속 쌓이면 땅속에서 압력과 열이 상승한다. 산소가 차단된 상태에서 오랜 시간 높은 열과 압력을 받은 근원암 속의 유기물은 화학적 변화를 일으켜 탄소와 수소로 이루어진 탄화수소, 즉 석유와 가스로 변화한다. 이렇게 생성된 석유와 가스는 다공성 암석인 저류암으로 이동하며 스며들고, 치밀한 암석층인 덮개암에 의해 더 이상 이동하지 못한다. 그리고 특정 구조에 모여서 유전(Oil field)이나 가스전(Gas field)을 형성한다.

나무의 한계와 석탄의 등장

중세 시대에 인구가 증가하면서 농지 개량으로 숲이 감소했다. 그리고, 난방, 건축, 배 건조, 철 생산에 많은 양의 나무가 소비되었다. 영국을 포함한 서유럽을 중심으로 나무가 부족해지는 현상이 나타났다. 당시 영국은 나무 부족을 넘어 에너지 헝거 상태였다. 즉 사회를 유지하기 위해, 필요한 최소한의 에너지를 공급하지 못해 국가적 재난에 도달한 것이다.

나무 부족은 가격 상승으로 이어졌고, 서민들은 나무를 구하지 못해 힘들게 추위를 견뎌야 하는 고통을 겪어야 했다. 철의 제련에는 나무가 많이 소비되었다. 철 1톤을 생산하기 위해서는 약 2-3톤의 숯이 필요했다. 또 숯 1톤을 생산하기 위해서는 원목이 약 5-7톤 필요했다. 따라서 철 1톤을 생산하기 위해서는 원목이 약 10-20톤이 필요했다. 그래서 나무가 부족했던 영국에서는 제철소 가동이 멈추었고, 외부에서 나무를 수입하는 상황에 이르렀다.

이 당시에 검은 돌로 알려진 석탄이 연료로써 이용되기도 했다. 그러나 석탄은 태울 때 지독한 냄새와 함께 그을음이 많이 발생하기 때문에 선호하는 연료는 아니었다. 그러나 나무 부족으로 사람들은 어쩔 수 없이 가난한 사람들부터 석탄을 사용하기 시작했다.

철 생산에서 나무보다 숯이 선호된 이유는 나무를 태울 때는 연기와 함께 불순물이 발생해서 순수한 철을 얻는 데 방해가 되기 때문이다. 반면, 숯은 철을 녹이는 데 필요한 고온을 나무보다 더 잘 만들 수 있고, 또 오랫동안 유지할 수 있는 장점이 있다.

석탄은 나무보다 에너지 효율이 5배나 높았다. 그리고 영국은 석탄이 풍부하게 매장된 곳이다. 1709년 에이브러햄 다비(Abraham Darby)가 코크스 제련법을 보급하면서, 철의 대중화가 가능해졌다. 석탄을 밀폐된 공간에서 공기를 차단하고 고온으로 가열하면, 황과 가스 등 불순물은 빠져나가고 단단한 탄소 덩어리인 코크스만 남는다. 이렇게 생산된 코크스는 숯보다 단단해서 거대한 용광로 안에서 더 뜨거운 열을 일정하게 내뿜는다. 결과적으로 비싼 값의 숯 대신 값싼 석탄을 쓰면서 철 생산량이 수십 배로 폭증했고, 가격은 급락했다.

이처럼 영국의 에너지 헝거는 산업혁명을 일으킨 가장 큰 원동력이 되었다. 나무라는 전통 자원이 부족해짐에 따라 에너지 밀도가 더 높은 석탄을 이용했고, 효율적 이용을 위한 코크스 제련법과 같은 기술 혁신을 발생한 것이다. 그렇다면, 오늘날 우리가 직면한 화석 연료의 한계 그리고 이와 함께 재생에너지로 전환하려는 에너지 전환기를 어떻게 연관시킬 수 있을까? 바로 현재의 한계를 더 깨끗하고 지속 가능한 미래 에너지원으로 전환하는 기회로 삼아야 한다.

현대 문명을 빚은 석유

석유는 문명의 시작부터 역청이라 불리며 조각상의 재료나 건축물의 접착제로 활용된 것으로 알려져 있다. 석유는 로마, 페르시아,

일본, 인도, 유럽 등에서 빛을 내는 등불의 용도로 이용되었다.

그러나 초창기 석유는 원유 형태를 그대로 사용했기 때문에, 냄새와 연기가 많이 나고, 빛은 밝지 않았다. 이런 이유로 석유보다는 아마씨 기름, 올리브유, 고래기름을 등불로 많이 사용했다. 그러나 포경 산업이 쇠퇴하면서 고래기름의 가격이 상승하고 기존의 식물유는 고래기름만큼 성능이 나지 않았다.

이때 미국인 에드윈 드레이크(Edwin Drake)가 기계식 굴착을 통하여 석유를 대량으로 채취하는 데 성공했다. 이렇게 추출한 석유는 주로 등유로 정제되어 등불의 연료로 활용되었다. 이것이 석유의 대량 공급의 시발점이 되었다.

이후 등유 생산에서 부산물이었던 휘발유가 여러 시도 끝에 내연기관에 더 적합하다는 것이 밝혀졌다. 초기 정제 과정에서 휘발유는 인화성이 너무 강했기 때문에, 위험한 폐기물이었다. 고틀리프 다임러(Gottlieb Daimler)와 카를 벤츠(Carl Benz) 등이 개발한 엔진이 휘발유를 사용하게 됨으로써 자동차에 성공적으로 적용되었다. 그리고 1908년 헨리 포드(Henry Ford)가 T 모델 자동차를 대량 생산하면서 자동차의 대중화를 이끌었고, 이를 계기로 휘발유가 등유보다 판매량이 늘어나면서, 석유 산업을 주도했다. 1차대전, 2차대전을 겪으면서 석유는 필수 에너지로 자리를 잡았고, 석유화학 제품과 살충제와 비료에 이용되고 현대에서는 의류와 가전제품 그리고 아스팔트 도로에 이르기까지 광범위하게 사용되고 있다.

천연가스의 대역전

석유를 시추하면서 천연가스는 석유와 함께 분출되는 쓸모없는 기체였다. 이 당시는 가스를 저장하거나 먼 지역까지 운반할 수 있는 기술이 개발되지 않았기 때문이다. 천연가스는 인화성이 컸기 때문에, 현장에서 태워버리는 방법(Flaring)이 일반적이었다. 천연가스는 초기에는 경제적 가치가 없는 폐기물로 인식되었다.

천연가스의 활용 계기는 고압을 견딜 수 있는 파이프라인 개발과 부피를 600배 줄일 수 있는 액화 기술의 도입이었다. 파이프라인은 세계 2차대전 이후 강철 파이프의 제조가 가능해지면서 가스 추출지에서 도시까지 장거리에 걸쳐 파이프 인프라를 구축할 수 있는 것이다. 이를 통해 천연가스도 대량으로 운송할 수 있었다. 천연가스의 액화 기술(LNG)도 1960년대 들어서면서 영하 162도 이하로 천연가스를 냉각하면서 파이프라인 없이 바다를 통해 LNG 운반선으로 다른 국가에 수출할 수 있었다.

천연가스는 석탄과 석유와 함께 전통적 화석 연료로 인식된다. 그러나 이산화탄소 배출은 가장 적고, 황산화물이나 질소산화물도 배출이 미미해서 미세먼지 발생도 적은 것이 환경적으로 장점이다.

〔02〕

화석 에너지의 활용

전 세계 화석 연료(석탄, 석유, 천연가스) 소비는 1960년대 중반 이후 전 세계 인구 증가와 산업화가 가속화하면서 멈추지 않고 우상향해 왔다. 특히 2000년대 이후 아시아 신흥국들의 급성장으로 증가 기울기가 가팔라진 것이 특징이다.

석탄은 2000년대 초반부터 중국 등의 산업 발전으로 인해 사용량이 급성장했다가 최근에는 환경 규제와 재생에너지 전환으로 인해 증가세가 예전에 비해 둔화하는 양상을 보인다. 석유는 역사적으로 1900년 초반부터 자동차의 대중화와 2차 대전 이후 현대 문명에서 가장 핵심적인 연료로 이용된 것을 확인할 수 있다. 천연가스는 가장 늦게 본격적으로 사용되기 시작했지만, 최근 들어 사용량이 눈에 띄게 증가하고 있다. 그 이유는 석탄이나 석유보다

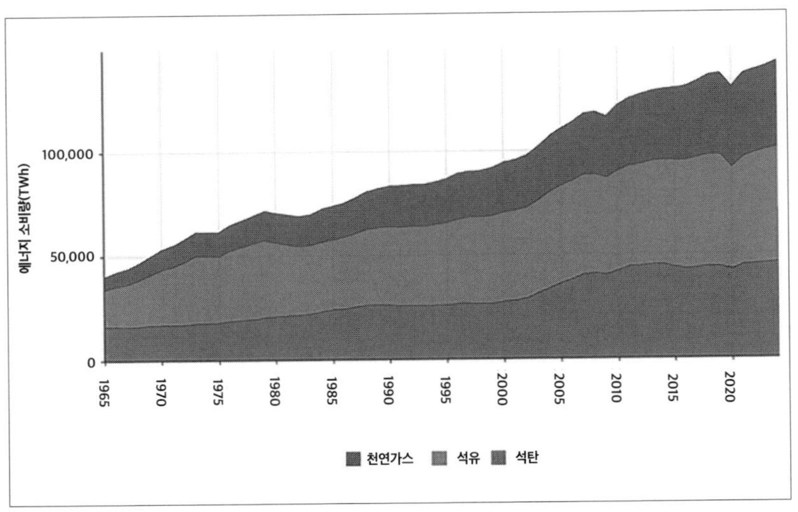

그림 1 · 전 세계 화석 연료 소비량

출처: Our World in Data(Energy Institute)

탄소 배출이 적다는 장점 때문에 브리지 에너지(Bridge Energy)로서 사용량이 꾸준히 증가하고 있기 때문이다.

전체적으로 1970년대 후반 오일 쇼크 시기 그리고 2020년 코로나19 팬데믹 등 경제적 위기가 있었던 시기에는 일시적으로 화석 연료 소비량이 적어지거나 꺾이는 경향을 보였다.

에너지 헝거로 석탄 이용이 증가했고, 산업혁명을 시작으로 화석 연료에 의존한 경제가 비약적으로 성장했지만, 이제는 석탄의 정체와 가스 및 재생에너지 비중 확대를 통해 깨끗하고 지속 가능한 에너지로 전환해야 할 시점에 직면해 있다.

에너지 피크

주요 국가의 에너지 사용량을 연도별로 나타내면, 각 국가는 화석 연료 소비가 증가 단계에 있는지, 이미 정점에 도달해 감소 단계로 전환되었는지를 분명히 구분해 볼 수 있다. 에너지 피크란 한 국가의 에너지 소비가 더 이상 증가하지 않고 최고점에 도달한 뒤 정체하거나 감소하기 시작하는 시점을 의미한다. 에너지 피크 이후에는 경제 활동이 계속되더라도 에너지 소비 증가가 필수적이지 않다는 점을 확인할 수 있다.

미국과 독일은 이미 에너지 피크를 지난 국가로 해석된다. 미국은 2000년대 중반을 전후로 화석 연료 소비가 정점에 도달한 이후 큰 증가 없이 정체 또는 완만한 감소 흐름을 보인다. 이는 미국 경제가 더 이상 에너지 소비 증가에 의존하지 않는 구조로 전환되었음을 의미한다. 독일 역시 2000년대 이후 화석 연료 소비가 점진적으로 감소하는 경향을 보이며, 탈석탄 정책과 재생에너지 확대가 실제 소비 감소로 이어지고 있음을 알 수 있다.

반면 중국과 인도는 아직 에너지 피크에 도달하지 않은 국가로 해석된다. 중국은 1990년대 후반 이후 화석 연료 소비가 급격히 증가하며, 산업화와 도시화가 에너지 소비 확대와 직접적으로 연결되어 있음을 보여준다. 인도는 소비량 자체는 상대적으로 낮지만, 장기적으로 꾸준한 증가세를 유지하고 있으며, 향후 에너지 피크에 도달하기까지 상당한 시간이 필요함을 시사한다.

영국과 일본은 에너지 피크를 비교적 이른 시기에 통과한 국가

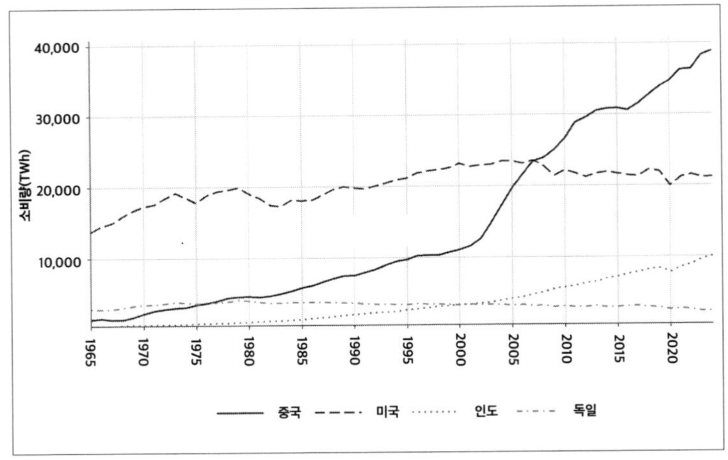

그림 2 · 화석 연료 소비량(중국, 미국, 인도, 독일)

출처: Our World in Data(Energy Institute)

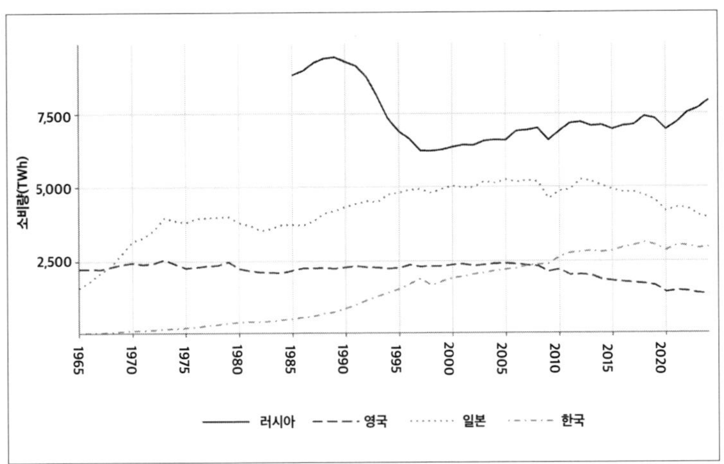

그림 3 · 화석 연료 소비량(러시아, 영국, 일본, 한국)

출처: Our World in Data(Energy Institute)

로 볼 수 있다. 영국은 1970년대 이후 화석 연료 소비가 장기적으로 감소하는 흐름을 보이며, 이는 산업 구조 전환과 강력한 기후·에너지 정책의 결과임을 의미한다. 일본은 1990년대 이후 높은 소비 수준에서 정체 또는 감소하는 경향을 보이는데, 이는 경제 성숙 단계 진입과 에너지 효율 개선이 동시에 작용한 결과로 해석된다.

러시아는 1980년대 후반까지 매우 높은 화석 연료 소비를 기록하다가 1990년대 초반 급격한 감소를 경험한다. 이는 정치·경제 체제 변화에 따른 산업 활동 위축을 반영하며, 이후 소비가 일부 회복되었음에도 과거의 최고점에는 도달하지 못하고 있음을 알 수 있다. 한국은 1960년대 낮은 소비 수준에서 출발하여 1980년대 이후 급격한 증가세를 보이며, 최근에는 증가 속도가 둔화하는 모습을 보인다. 다만 아직 뚜렷한 감소 국면으로 전환했다고 판단하기는 어렵다.

에너지 피크가 빠르게 나타난다는 것은 경제가 많은 에너지를 사용해야만 성장할 단계를 벗어났음을 의미한다. 이는 온실가스 배출 감소에 유리할 뿐 아니라, 에너지 수입 의존도와 해외 에너지 가격 변동에 따른 경제적 위험을 줄이는 효과도 가진다. 또한 에너지 효율 기술과 재생에너지 산업이 조기에 성장할 기반을 마련한다는 점에서 장기적인 경제 경쟁력과도 연결된다.

〈표 1〉·중국과 인도의 에너지 사용량 및 온실가스 배출량 비교

구분	중국	인도
GDP	약 18조 달러	약 3.5조 달러
인구	14.1억 명	14.3억 명
총에너지 사용량	160,000TWh/연간	45,000TWh/연간
온실가스 배출량	110억 톤/연간	30억 톤/연간
1인당 에너지 사용량	11,000kWh/인. 연간	3,100kWh/인. 연간
1인당 온실가스 배출량	7.8톤/인. 연간	2.1톤/인. 연간

인구는 인도가 중국을 앞질렀음에도 불구하고, 경제 규모(GDP)와 에너지 사용량에서는 중국이 여전히 압도적인 수치를 기록하고 있다. 이는 중국이 이미 대규모 산업화를 이룬 세계의 공장이지만, 인도는 이제 본격적인 산업화 궤도에 진입하고 있기 때문이다. 중국의 온실가스 배출량이 인도의 약 4배에 달하는 이유는 방대한 제조업 기반 때문이다. 앞서 언급한 에너지 피크 관점에서 본다면, 중국은 이미 경제 성숙기에 접어들어 에너지 효율화를 통해 피크를 앞당기려 노력하고 있지만, 인도는 인구 증가와 인프라 확충으로 인해 에너지 사용량과 배출량이 당분간 계속 우상향할 가능성이 크다. 인도의 에너지 피크를 앞당기는 것은 전 지구적 기후위기 해결의 핵심이다. 인도가 만약 중국이 앞서간 탄소 집약적 성장 모델을 답습한다면, 인도의 온실가스 배출량은 걷잡을 수

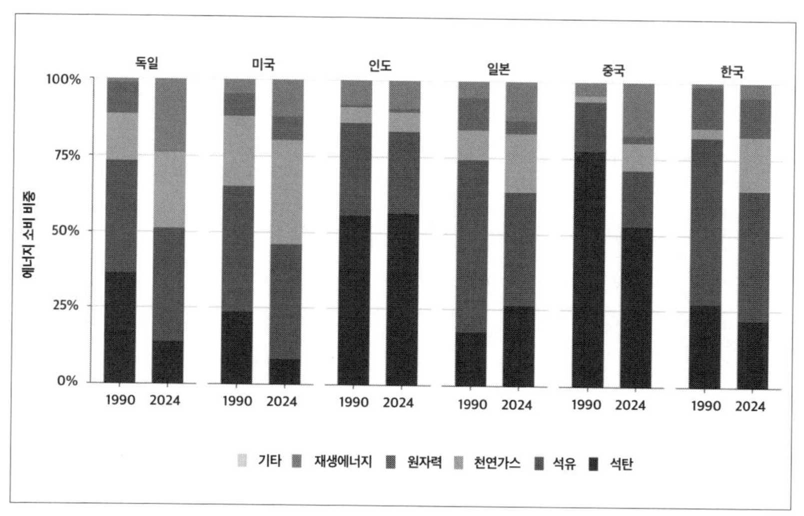

그림 4 · 주요 국가별 에너지 비중

출처: Our World in Data(Energy Institute Statistical Review of World Energy)

없이 커질 수 있다.

한 나라가 일정 기간 사용한 전체 에너지 가운데 특정 에너지원이 차지하는 비율을 에너지 비중이라고 한다. 예를 들어 석탄, 석유, 천연가스, 원자력, 재생에너지, 기타 에너지를 모두 합한 값을 100으로 보았을 때, 그중 석탄이나 재생에너지가 차지하는 값이 얼마인지를 나타내는 개념이다. 에너지 비중을 통해서 한 국가가 어떤 에너지원에 더 의존하고 있는지, 그리고 시간이 지나면서 에너지 구조가 어떻게 변화하고 있는지를 이해할 수 있다.

또 에너지 비중은 특정 에너지원, 예를 들어 석유에만 지나치게 의존하면 국제 유가 변화에 국가 경제가 위험해질 수 있다. 따라서 에너지 비중을 분산시키는 것이 에너지 안보에도 중요하다.

국가별로 에너지 비중을 살펴보면, 중국은 1990년에 석탄 비중이 매우 높게 나타나며, 에너지 구조의 중심이 석탄에 놓여 있음을 보여준다. 2024년에는 석탄 비중이 낮아진 흔적이 분명히 보이지만, 여전히 가장 큰 비중을 차지하는 에너지원으로 남아 있는 모습이 확인된다. 중국은 여전히 세계 최대의 석탄(52.8%) 소비국이지만, 변화의 속도는 매우 빠르다. 1990년 77.5%에 달했던 석탄 의존도를 20% 이상 낮추는 동시에, 재생에너지 비중을 4.45%에서 17.5%까지 끌어올렸다

미국은 석탄 비중을 23.7%에서 8.33%로 급격히 줄이는 데 성공했다. 특이한 점은 이 공백을 재생에너지만이 아니라 천연가스가 메우고 있다는 것이다. 이는 화석 연료에서 재생에너지로 가는 과정에서 가스를 브리지 에너지로 활용하여 에너지 피크 이후의 연착륙을 시도하는 전략으로 해석된다.

독일은 1990년 대비 가장 극적인 변화를 보여주는 국가다. 과거 에너지 구조의 핵심이었던 석탄(36.6%)과 원자력(11.2%) 비중을 각각 13.9%와 0%(탈원전 완료) 수준으로 대폭 축소했다. 그 빈자리를 재생에너지(24.0%)가 완벽하게 대체하며, 화석 연료 정점을 지나 지속 가능한 구조로 안착했음을 보여주고 있다.

인도는 1990년과 2024년의 에너지 구조가 크게 변하지 않았다. 여전히 석탄(56.6%) 비중이 압도적으로 높으며, 이는 인구가 증가하고 산업화가 가속화되는 과정에서 저렴한 에너지원인 석탄을

포기하기 어렵기 때문이다. 인도의 에너지 피크를 얼마나 빨리 가져오느냐가 향후 글로벌 기후위기 해결의 결정적 변수가 될 수 있다.

일본은 1990년에 석유 비중이 매우 크게 나타나는 석유 중심 구조의 특징이 선명했다. 2024년에는 석유 비중이 상대적으로 낮아지고, 석탄과 천연가스 비중이 더 커진 모습이 보이며, 재생에너지 비중도 증가한 형태로 나타난다. 원자력 비중은 1990년에 비해 축소된 모습으로 읽히는데, 그 결과 일본의 전환은 석유 비중 감소라는 변화는 있었지만, 그 빈자리가 재생에너지로만 채워졌다기보다 석탄·가스 같은 다른 화석 연료로 상당 부분 대체된 양상으로 해석된다. 즉 일본은 에너지 전환이 진행되었으나, 화석 연료 내부에서의 재배치 성격도 강하다고 볼 수 있다.

한국은 1990년에 석유 비중이 크고, 석탄과 원자력이 의미 있는 비중을 차지하는 형태로 나타난다. 2024년에는 석유 비중이 감소하고 석탄과 천연가스 비중이 확대된 모습이 관찰되며, 재생에너지 비중도 증가하지만 아직은 다른 주요 에너지원에 비해 상대적으로 작은 편으로 보인다. 원자력은 여전히 중요한 축이지만, 전체 구성에서 차지하는 상대적 비중이 1990년과 같다고 보기는 어려운 형태로 나타난다. 즉 한국의 변화는 석유 비중 감소라는 변화가 있으나, 그 감소가 곧바로 재생에너지 중심으로 치환되기보다는 석탄·가스 비중 확대와 함께 나타난 측면이 강하다고 해석된다.

한국과 일본은 공통으로 석유 의존도를 낮추는 데는 성공했으나, 재생에너지로의 전환 속도는 유럽이나 중국에 비해 상대적으로 완만하다. 특히 두 국가 모두 원자력(한국 11-14%, 일본 4-12%대) 비중을 일정 수준 유지하며 에너지 안보를 꾀하고 있다. 한국의 경우 2024년 기준 재생에너지 비중이 4.75%로 비교 대상국 중 가장 낮아, 향후 탄소 중립을 위한 에너지 피크 관리가 시급한 과제임을 보여준다.

여섯 나라를 종합하면, 1990년에서 2024년으로 오면서 재생에너지 비중이 모든 국가에서 증가하는 공통 흐름이 확인된다. 다만 전환의 성격은 국가별로 분명히 다르게 나타난다. 독일은 재생에너지 확대가 화석 연료 비중 감소로 비교적 직접 연결되는 형태로 나타나고, 미국은 석탄 감소가 가스와 재생에너지로 분산되며, 인도는 석탄 중심 구조가 크게 유지된다. 일본과 한국은 석유 의존을 줄이는 변화는 보이지만 그 대체가 재생에너지 단독 확대라기보다 다른 화석 연료(석탄·가스) 비중 증가와 함께 진행된 양상이 관찰된다. 중국은 석탄 비중이 줄어드는 동시에 재생에너지가 크게 확대되었으나, 여전히 석탄이 핵심 기반으로 남아 있는 구조가 나타난다.

결국 에너지 전환이 재생에너지 비중을 늘리는 일만으로 완성되는 것이 아니라, 석탄·석유·가스·원자력의 상대적 대체 관계 속에서 각국이 서로 다른 경로를 선택하고 있음을 보여준다. 원자력의 역할도 국가마다 다르게 나타나며, 독일·일본처럼 축소 방향이 읽히는 국가가 있지만, 미국·한국처럼 일정한 축으로 유지되는 성격이 보이는 국가도 존재한다.

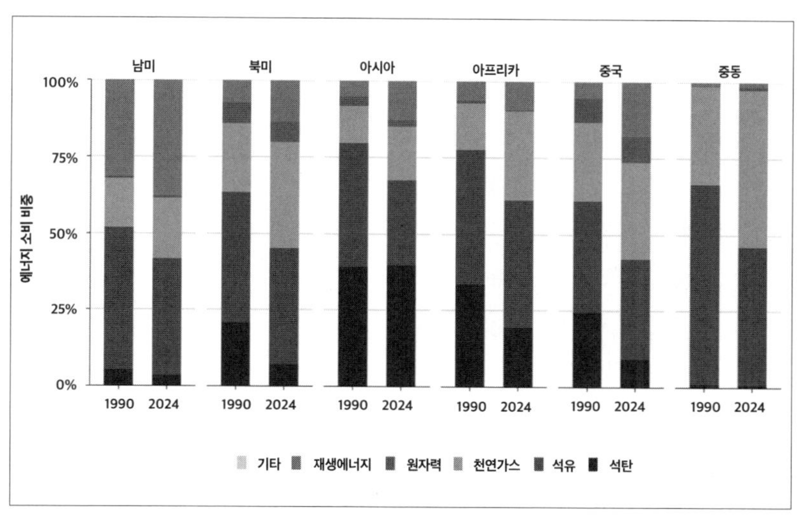

그림 5 · 대륙별 에너지 비중

출처: Our World in Data(Energy Institute Statistical Review of World Energy)

남미는 1990년과 2024년 모두에서 재생에너지 비중이 매우 큰 대륙으로 나타난다. 1990년에도 재생에너지가 큰 비중을 차지하고, 2024년에는 그 비중이 더 커진 모습이 확인된다. 석유 비중은 여전히 존재하지만 2024년에는 1990년 대비 다소 낮아진 흐름으로 읽힌다. 석탄 비중은 두 시점 모두 매우 낮게 유지되는 형태를 보인다. 구조적으로 석탄 중심과 거리가 멀고, 전통적으로 수력 발전과 같은 재생에너지 기반이 크며, 최근에는 그 특징이 더 강화되는 방향으로 이동한 대륙으로 해석된다.

북미는 1990년에는 석유와 석탄 비중이 크고, 천연가스도 상당한 비중을 차지하는 전형적인 화석 연료 중심 구조를 보인다. 2024년에는 가장 큰 변화로 석탄 비중이 많이 감소한 모습이 나타나며, 그 감소분 상당 부분이 천연가스 비중 증가로 이동한 흐름이 확인된다. 재생에너지도 2024년에 더 커지지만, 북미의 구조 변화는 석탄 감소에서 가스 확대가 핵심 축으로 읽힌다. 원자력은 두 시점 모두 일정 비중이 존재하나, 급격한 확대보다는 안정적으로 유지되는 성격이 강하게 보인다. 즉 화석 연료 비중을 줄이되, 재생에너지로만 단번에 이동하기보다는 천연가스를 완충재로 활용하는 전환 경로가 두드러진다고 해석된다.

아시아의 에너지 비중 변화를 보면, 다른 대륙과 비교해 석탄 중심성이 가장 강하게 유지되는 지역이라는 특징이 분명하게 드러난다. 아시아의 에너지 구조는 1990년과 2024년 모두에서 석탄이 핵심적인 역할을 하며, 시간이 지나도 그 중심이 쉽게 흔들리지 않는 양상을 보인다.

1990년의 아시아 에너지 비중을 살펴보면, 석탄이 전체에서 가장 큰 비중을 차지하고, 그 위를 석유가 뒤따르는 구조로 나타난다. 천연가스와 재생에너지는 상대적으로 작은 비중에 머물러 있으며, 원자력 역시 제한적인 비중만을 차지하는 모습이다.

2024년의 아시아를 보면, 석탄 비중이 다소 낮아진 흔적은 보이지만 여전히 에너지 구조의 중심을 차지하고 있음을 확인할 수 있다. 동시에 석유와 천연가스 비중이 함께 유지되거나 확대되었으며, 재생에너지 비중도 1990년에 비해 분명히 증가한 모습이 나타난다. 아시아의 변화는 석탄이 줄어들고 사라지는 형태라기보다는, 석탄이라는 큰 바닥 위에 다른 에너지원이 추가되는 방식으로 진행되고 있다.

이러한 특징은 아시아의 경제·산업 구조와 밀접하게 연결된다. 아시아에는 중국, 인도, 동남아 국가들처럼 산업 성장과 전력 수요가 동시에 빠르게 증가하는 국가들이 다수 포함되어 있다. 이들 국가는 에너지 수요 자체가 계속 늘어나고 있어서, 재생에너지를 확대하더라도 기존 석탄 사용을 즉각적으로 대체하기보다는, 늘어나는 수요를 충당하는 역할로 먼저 사용되는 경향이 강하게 나타난다. 또한 아시아는 인구 규모가 크고 도시화 속도가 빠르며, 제조업 비중이 높은 국가들이 많다는 점에서, 에너지 전환의 속도가 다른 대륙보다 구조적으로 느릴 수밖에 없다고 해석된다. 원자력 역시 일부 국가에서 활용되고 있지만, 대륙 전체 차원에서는 석탄 의존 구조를 근본적으로 바꿀 정도의 비중을 차지하지는 못하고 있다.

아프리카의 에너지 구조는 1990년과 2024년 모두에서 석유 중심성이 매우 강한 형태를 보이며, 시간이 지나면서 일부 변화는 있었지만, 근본적인 틀은 크게 바뀌지 않았다. 1990년의 아프리카 에너지 비중을 보면, 석유가 압도적인 비중을 차지하고 있고, 다음으로 석탄이 일정 비중을 차지하는 구조가 나타난다. 천연가스와 재생에너지는 존재하지만, 전체 에너지 믹스를 좌우할 정도의 비중에는 이르지 못한 모습이다. 이는 당시 아프리카의 산업 구조가 석유 수입·수출과 화석 연료 기반 발전에 크게 의존하고 있었음을 보여준다.

2024년의 아프리카를 보면, 가장 눈에 띄는 변화는 천연가스 비중의 확대이다. 석유의 비중은 1990년에 비해 다소 낮아졌으며, 그 자리를 천연가스가 부분적으로 대체한 형태로 나타난다. 석탄 비중 역시 줄어든 흐름이 보이며, 재생에너지는 점진적으로 확대되고 있으나 여전히 전체 구조를 바꿀 만큼 크지는 않은 수준이다. 원자력은 두 시점 모두에서 매우 제한적인 비중만을 차지한다. 이러한 변화는 아프리카가 본격적인 탈화석 연료 전환 단계에 들어섰다기보다는, 화석 연료 내부에서 상대적으로 탄소 배출이 낮은 연료로 이동하는 과도기적 전환을 겪고 있음을 나타낸다.

아프리카의 이러한 에너지 비중 구조는 경제 성장 단계와 에너지 접근성 문제와도 밀접하게 연결된다. 많은 국가에서 여전히 안정적인 전력 공급 자체가 중요한 과제로 남아 있어, 단기간에 재생에너지 중심 구조로 전환하기보다는 비교적 구축이 쉬운 화석 연료 기반 발전에 의존하는 경향이 있다.

유럽의 에너지 비중 변화를 살펴보면, 다른 대륙에 비해 에너지 전환이 비교적 분명하게 드러나는 지역이라는 점을 알 수 있다. 1990년의 유럽 에너지 구조를 보면, 석유 비중이 가장 크고, 다음으로 석탄과 천연가스가 중요한 축을 이루는 전형적인 화석 연료 중심 구조로 나타난다. 원자력 역시 의미 있는 비중을 차지하며, 재생에너지는 전체 구조에서 아직 보조적인 위치에 머무는 모습으로 보인다. 이 시기의 유럽은 산업과 교통 부문에서 석유 의존도가 높고, 전력 생산에서도 석탄과 원자력의 역할이 컸음을 알 수 있다. 2024년의 유럽 에너지 비중을 보면, 가장 두드러진 변화는 석탄 비중의 뚜렷한 감소다. 석탄이 차지하던 비중이 크게 줄어들고, 그 자리를 천연가스와 재생에너지가 채우는 구조로 전환된 흐름이 확인된다. 특히 재생에너지 비중은 1990년에 비해 확연히 확대되어, 유럽이 에너지 전환을 정책적으로 적극 추진해 왔다는 점을 구조적으로 보여준다. 원자력은 여전히 일정 비중을 유지했다.

이러한 변화는 유럽의 전환이 단순한 에너지원 추가가 아니라, 화석 연료 내부의 재편과 재생에너지 확대가 동시에 이루어진 결과임을 의미한다. 즉, 석탄과 석유 중심 구조에서 벗어나, 가스와 재생에너지를 중심으로 저탄소 에너지 믹스를 구축하려는 방향성이 분명하게 드러난다.

중동은 1990년과 2024년 모두에서 화석 연료, 특히 석유와 천연가스 중심의 에너지 구조가 강하게 유지되는 지역으로 해석된다. 1990년의 중동 에너지 비중을 보면, 석유가 절대적인 비중을 차지하고 있으며, 그 위를 천연가스가 보조하는 구조로 나타난다. 석탄 비중은 거의 나타나지 않으며, 재생에너지와 원자력 비중 역시 매우 제한적인 수준에 머문다. 이는 중동이 세계 최대의 석유 생산·수출 지역이라는 점과 직접적으로 연결되며, 에너지 소비 구조 자체가 자원 보유 구조를 그대로 반영하고 있음을 의미한다.

2024년의 중동을 보면, 여전히 석유와 천연가스가 에너지 구조의 중심을 차지하고 있다는 점은 변하지 않는다. 다만 1990년과 비교할 때, 석유 비중은 다소 낮아지고 천연가스 비중이 확대된 흐름이 관찰된다. 이는 발전용 연료와 산업용 에너지원으로 천연가스 사용이 늘어난 결과로 해석된다. 그런데도 재생에너지 비중은 다른 대륙과 비교하면 여전히 낮은 수준에 머물러 있으며, 중동의 에너지 전환 속도가 상대적으로 느리다는 점을 보여준다.

이러한 구조는 중동이 에너지 전환을 시도하지 않아서라기보다는, 화석 연료 기반의 경제 구조와 에너지 가격 경쟁력이 여전히 매우 강력하기 때문으로 해석된다. 석유와 가스를 자체적으로 대량 생산할 수 있는 지역에서는, 재생에너지로 급격히 전환할 경제적 유인이 상대적으로 약하게 작용한다. 또한 에너지 수출이 국가 재정과 산업 구조의 핵심을 이루고 있어서, 화석 연료 비중을 빠르게 줄이는 데에는 구조적 제약이 존재한다고 볼 수 있다.

중동의 에너지 비중 변화는 화석 연료 의존도가 여전히 매우 높고, 재생에너지 전환은 초기 단계에 머물러 있으며, 석유 중심 구조에서 천연가스 비중이 점진적으로 확대되는 방향으로 진행되고 있음을 보여준다.

화석 에너지의 그림자

기온 상승

전 세계 에너지 소비의 지속적인 증가와 지구 평균 기온 상승이 시간상으로 같은 방향으로 진행됐다는 점을 알 수 있다. 에너지 소비가 확대되는 시기와 기온 상승이 가속화하는 시기가 대체로 겹치며, 이는 화석 연료 중심의 에너지 사용 증가가 기후변화와 밀접하게 연관되어 있음을 보여준다.

다음 〈그림 6〉을 보면, 1965년 이후 전 세계 에너지 소비량(회색 영역)이 약 50,000TWh에서 150,000TWh 이상으로 약 3배 증가하는 동안, 지구 평균 기온 역시 이에 맞물려 뚜렷한 상승 추세를 보였다. 특히 2020년 이후에는 관측치가 파리 협정의 1.5°C 기준선

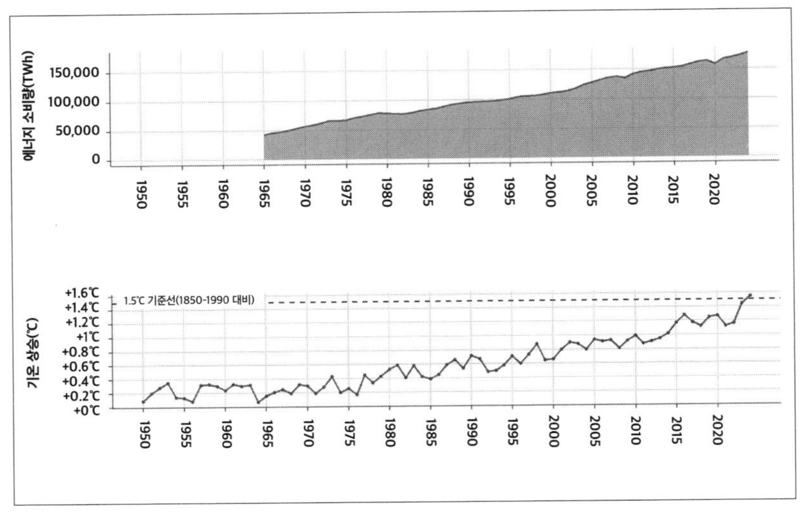

그림 6 · 전 세계 에너지 소비량과 기온 상승

출처: Our World in Data(Energy) / Energy Institute Statistical Review, NASA GISTEMP v4(관측 기반)

에 도달하거나 일부 연도에서는 이를 초과한 사례도 확인된다.

또한 1950년 당시 산업화 이전 대비 약 +0.2°C 수준이었던 기온 편차는 최근 들어 +1.5°C 부근까지 확대되었다. 이러한 변화는 에너지 소비가 정점을 향해 지속해서 증가해 온 흐름 속에서, 탄소 중립으로의 전환 시점이 이미 한계에 가까워지고 있음을 시사한다. 물론 이 그래프만으로 인과관계를 단정할 수는 없지만, 최소한 에너지 소비 확대와 기온 상승이 장기간 병행됐다는 사실은 분명하게 드러난다. 에너지 소비 규모를 줄이거나, 소비되는 에너지원의 구조를 재생에너지 중심으로 전환하지 않는 한, 지구 평균

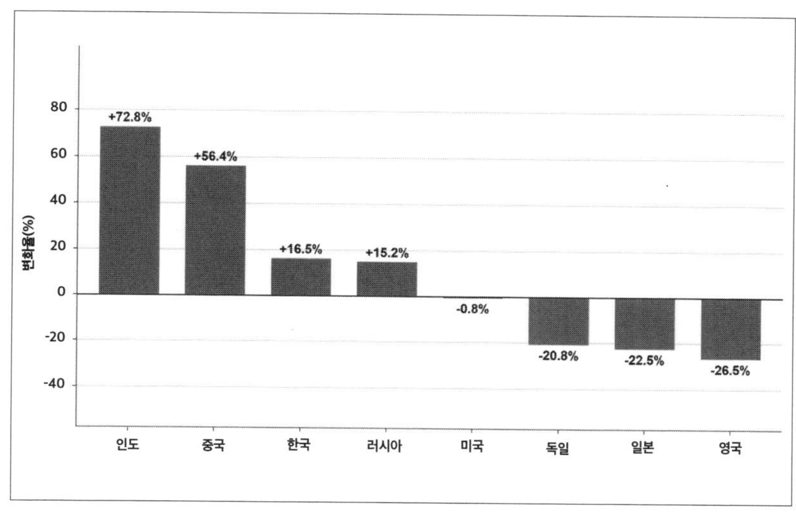

그림 7 · 주요국 에너지 소비 변화율(2010-2023)

출처: Energy Institute Statistical Review of World Energy 2024

기온 상승은 계속될 가능성이 크다.

인도와 중국처럼 에너지 소비가 빠르게 증가하는 국가들은 향후 전 세계 온실가스 배출 증가의 핵심 요인이 될 가능성이 크다고 볼 수 있다. 인도는 2010년 대비 에너지 소비가 72.8% 증가했고, 중국은 56.4% 증가했다. 이는 세계 에너지 소비 증가세를 견인하는 중심 국가들이며, 글로벌 기후변화 대응에서 매우 중요한 역할을 담당한다.

반면 독일, 일본, 영국은 같은 기간 동안 에너지 소비가 20% 이상 감소했다. 이는 탄소 중립 정책, 에너지 효율 강화, 산업 구조

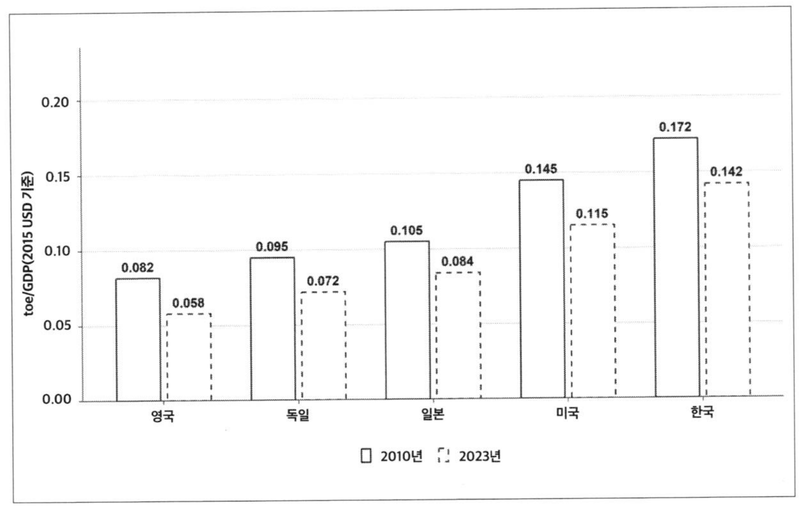

그림 8 · 주요 국가의 에너지 원단위

출처: IEA(International Energy Agency), 실측 데이터 기반

전환 등을 통해 에너지 소비 자체를 구조적으로 줄이려는 노력이 반영된 결과이다. 이들 국가는 에너지 소비 감축이 기후위기 대응의 핵심 수단임을 인식하고 정책적으로 강력한 전환을 추진하고 있다.

한국은 2010년 대비 에너지 소비가 16.5% 증가한 국가로 나타난다. 이는 인도나 중국보다는 증가 폭이 작지만, 독일·일본·영국과 같은 주요 선진국들이 에너지 소비를 줄여 온 흐름과는 뚜렷한 대비를 이룬다. 한국은 반도체, 철강, 석유화학 등 에너지 다소비형 산업 비중이 높고, 전력 사용량이 지속적으로 증가하면서 에너지 소비가 구조적으로 확대됐다.

　　이를 전 세계 에너지 소비 증가 추이와 기후변화 흐름과 연결해 보면, 한국 역시 글로벌 기후위기 대응의 책임을 벗어날 수 없는 위치에 있다. 세계 에너지 소비가 계속 증가하고 지구 평균 기온이 빠르게 상승하는 상황에서, 한국처럼 높은 에너지 소비 구조를 유지하는 국가는 온실가스 감축 노력에 적극적으로 참여해야 할 필요성이 더 커지고 있다.

　　에너지 원단위는 한 나라가 경제 활동을 통해 얼마만큼의 부가가치를 창출하기 위해 얼마나 많은 에너지를 사용하는지를 나타내는 지표이다. 일반적으로 국내총생산(GDP) 1달러를 생산하는 데 소비되는 에너지의 양으로 표현되며, 값이 낮을수록 같은 경제 성과를 내는 데 적은 에너지를 사용한다는 의미이므로 에너지 효율이 높다고 평가된다. 반대로 에너지 원단위가 높다는 것은 산업 구조가 에너지 집약적이거나 에너지 이용 효율이 낮다는 것을 의미한다.

　　영국, 독일, 일본, 미국 모두 2010년에 비해 2023년의 원단위가 낮아졌다. 이는 전 세계적으로 에너지 효율이 개선되고 있으며, 기술 발전 및 산업 구조의 고도화가 진행되고 있음을 보여준다.

　　반면, 한국도 에너지 원단위가 개선되었음에도 여전히 한국 경제가 많은 에너지를 소비해야 성장할 수 있는 구조에 놓여 있음을 나타낸다. 에너지 원단위가 높다는 것은 에너지 가격 변동에 대한 취약성이 크고, 온실가스 배출 부담이 크다는 것을 의미한다.

탄소 배출

　1950년 당시 약 50-60억 톤 수준이었던 전 세계 연간 이산화탄소 배출량은 현재 약 380억 톤을 웃돌며 약 6-7배 폭증했다. 이는 앞서 확인한 전 세계 에너지 소비량의 증가 곡선과 주로 일치하며, 인류의 경제 성장이 화석 연료 연소에 의존해 왔음을 보여준다. 전 세계적으로 이산화탄소 배출은 1950년 이후 전반적으로 지속적인 증가 추세를 보인다. 중간중간 일시적인 둔화나 작은 하락 구간이 나타나지만, 장기적으로는 상승 흐름이 유지됐음을 알 수 있다. 특히 2000년대 이후 증가 속도가 한층 가팔라진 구간이 관찰되며, 이는 전 세계 배출 증가가 특정 시기부터 구조적으로 확대되었음을 보여준다. 2020년 전후로는 일시적 하락이 나타나는데, 이는 경기 위축·이동 감소 같은 외부 충격이 배출량에 영향을 줄 수 있음을 보여주는 사례다.

　지역별로 보면, 미국은 1950년대부터 1970-2000년대 초반까지 높은 배출 규모를 유지하며 오랫동안 핵심 배출 지역이었음을 보여준다. 그러나 2000년대 이후에는 뚜렷한 급증보다는 정체 또는 완만한 감소 흐름이 나타나며, 미국의 배출이 세계 증가를 주도하던 국면은 약화했다. 이는 산업 구조 변화, 에너지 효율 개선, 석탄 축소와 가스·재생에너지 확대 등의 영향이 누적된 결과로 볼 여지가 있다.

　유럽은 과거에는 상당한 비중을 차지하지만, 시간이 지날수록 증가세가 둔화하고 이후에는 감소 경향이 나타나는 흐름으로 보

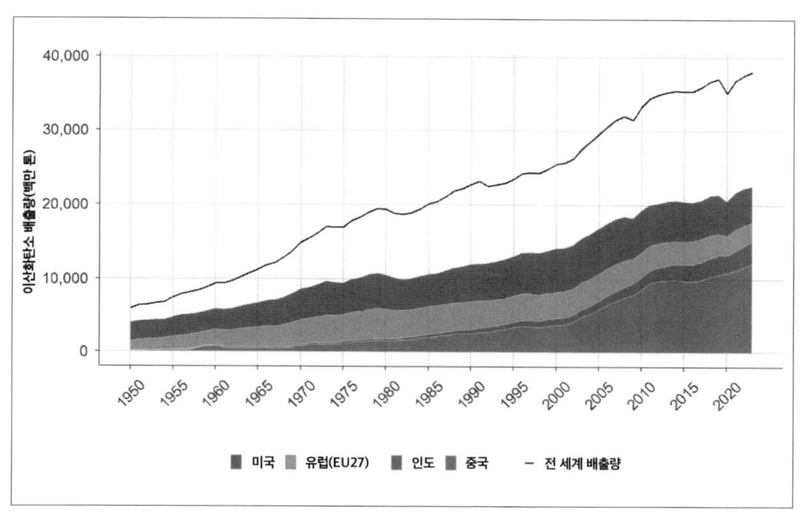

그림 9 · 탄소 배출량

출처: Our World in Data(CO2 Data)

인다. 즉 EU는 일정 시점 이후 배출 정점을 통과한 뒤 감축 국면으로 이동한 지역으로 해석되며, 전환 정책이 점점 더 반영된 형태가 그래프에서 읽힌다.

가장 큰 구조 변화는 중국에서 확인된다. 2000년대 초반까지 미미했던 중국의 배출량은 세계무역기구(WTO) 가입과 산업화가 가속화된 이후 수직으로 상승했다. 이는 제조업 중심 산업화, 도시화, 전력 수요 급증, 석탄 기반 에너지 구조 등이 배출 증가와 직접 연결되었을 가능성을 나타낸다.

인도는 절대 규모는 중국보다 작지만, 장기적으로 꾸준한 증가 추세가 확인된다. 특히 2000년대 이후 증가 폭이 더 커지는 양상이 보이며, 산업화·인프라 확대·전력 수요 증가가 배출 증가로 이어지는 전형적인 경로가 진행 중임을 의미한다. 다시 말해 인도는 아직 배출 정점에 도달했다고 보기 어려운 상승 단계에 놓여 있다고 해석된다.

전 세계 CO_2 배출이 줄어드는 추세가 아니라 장기적으로 증가해 왔음을 보여주고, 그 증가의 중심이 역사적으로는 미국·EU였으나 2000년대 이후에는 중국의 급증이 결정적 역할을 했음을 나타낸다. 또한 EU와 미국은 정체·감소 흐름이 나타나지만, 중국과 인도는 증가 흐름이 강하게 나타나 전 세계 감축 성패가 아시아 대형 배출국의 전환 속도와 밀접하게 연결되어 있음을 보여준다.

4개 주요 지역이 차지하는 영역 외의 공간은 기타 신흥국과 개발도상국들의 배출량을 의미한다. 전체 배출량의 절반 이상을 이들 4개 지역이 책임지고 있다는 점은 기후 정의 측면에서 고려할 필요가 있다.

기후 정의

기후 정의는 기후변화의 원인에 대한 책임과 그로 인한 피해 부담이 국가, 계층, 세대 간에 공정하게 배분되어야 한다는 원칙을 의미한다. 따라서 누가 이산화탄소를 얼마나 많이 배출해 왔는지, 누가 더 큰 피해를 보고 있는지, 그리고 누가 감축과 전환의 책임을 져야 하는지를 함께 고려할 필요가 있다. 이때 1인당 탄소

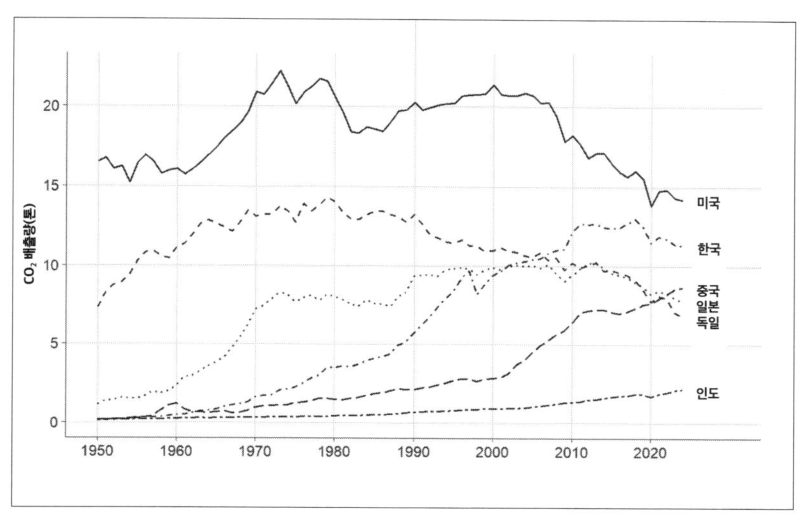

그림 10 · 주요 국가의 개인 탄소 배출량

출처: Our World in Data(CO2 Data)

배출량은 책임의 크기를 판단하는 중요한 지표로 활용될 수 있다. 1950년 이후 전 세계 총배출량이 급격히 우상향하는 흐름 속에서 각국이 차지하는 비중을 살펴보면, 이러한 책임의 불균형이 명확히 드러난다.

1인당 탄소 배출량은 모든 국가가 기후변화 문제에 대해 동등한 책임을 질 수 없다는 사실을 분명하게 보여준다. 미국, 독일, 일본과 같은 선진국들은 오랜 기간 높은 수준의 1인당 탄소 배출을 유지해 왔으며, 그 결과 현재의 기후위기에 이르기까지 누적된 배출 책임이 크다고 볼 수 있다. 이러한 점에서 이들 국가는 일종의 '탄소 부채'를 안고 있다고 해석할 수 있다. 특히 미국은 1인당 탄소 배출량이 장기간 20톤 내외에 이르는 수준을 보였으며, 이는 다른 국가들과 뚜렷한 격차를 형성한다.

한편, 신흥국과 저개발국이 직면한 발전의 문제 역시 기후 정의의 핵심 쟁점이다. 중국의 경우 국가 전체 배출량은 세계에서 가장 많지만, 1인당 탄소 배출량은 비교적 최근에 이르러서야 독일의 과거 수준에 도달한 것으로 나타난다. 인도 또한 장기간 매우 낮은 1인당 탄소 배출 수준을 유지해 왔는데, 이는 생존을 위한 최소한의 에너지 소비에 가까운 수준이다. 이러한 사실은 이산화탄소의 총배출량만으로 기후위기의 책임을 판단하는 것이 불공정할 수 있음을 보여준다. 인구 규모가 큰 국가일수록 총배출량은 클 수 있지만, 개인당 배출한 탄소의 양은 선진국에 비해 현저히 낮은 경우가 많기 때문이다.

또한 선진국과 개발도상국은 서로 다른 출발선에서 기후 대응을 시작하고 있다는 점도 중요하다. 선진국들은 이미 대규모 탄소 배출을 통해 경제 성장과 생활 수준 향상을 이룬 이후 감축 단계에 진입했지만, 개발도상국들은 여전히 산업화와 인프라 확충 과정에 놓여 있어 에너지 사용 증가가 불가피한 단계에 있다. 이러한 구조적 차이를 고려하지 않은 일률적인 감축 요구는 기후위기 해결 과정에서 새로운 불평등을 초래할 가능성이 크다.

한국의 경우, 전례 없는 속도로 증가한 1인당 탄소 배출량이 일본과 독일을 넘어 미국 수준에 근접하고 있다. 2022년 OECD 국가별 비교 데이터에 따르면 대한민국은 1인당 11.7톤을 배출하며

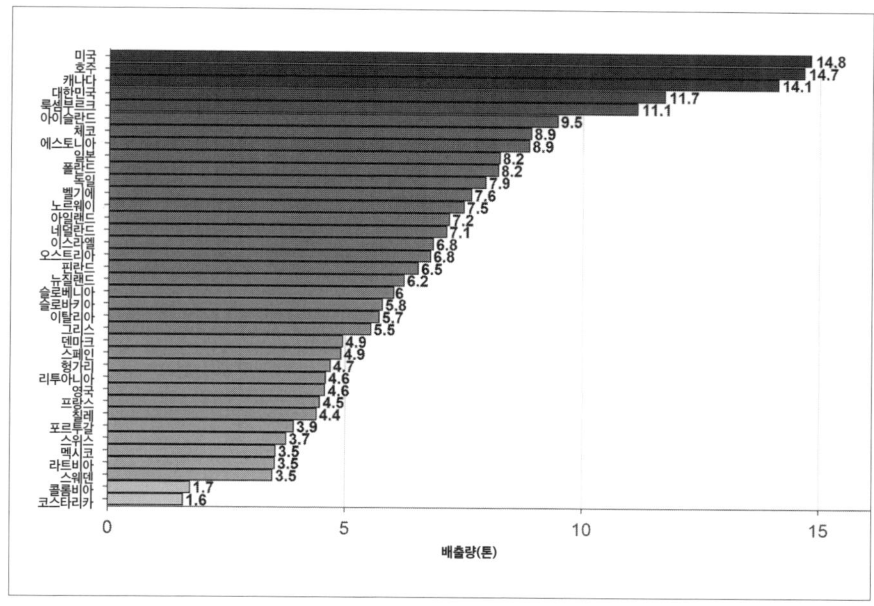

그림 11 · OECD 국가의 1인당 탄소 배출량

출처: Our World in Data(CO2 Data)

전체 4위에 올라와 있다. 이는 한국의 경제 성장이 높은 탄소 집약적 구조를 기반으로 이루어져 왔음을 의미하며, 더 이상 저배출 국가로 분류되기 어려운 위치에 있음을 보여준다. 나아가 한국이 누려 온 경제 성장의 이면에는 높은 수준의 탄소 배출이 존재하며, 이는 기후 취약국들이 겪고 있는 기후 재해에 대해 일정한 책임을 져야 할 위치에 있음을 나타낸다.

한국의 에너지 흐름

한국이 1인당 탄소 배출량에서 OECD 상위권을 기록하며 막대한 탄소 부채를 진 원인은 에너지 투입부터 소비에 이르는 구조적 고탄소 체계에 기인한다. 한국은 연간 300Mtoe(백만 석유환산톤)에 달하는 많은 에너지를 사용하며, 이 중 석유 39%, 석탄 22%, 천연가스 20%로 화석 연료가 전체의 81%를 차지한다. 이렇게 공급 단계에서 화석 연료의 높은 편중은 자연스럽게 우리나라의 이산화탄소 배출량을 높이는 요인이 된다.

또 전력 생산 즉 발전 과정에서 탄소 집약도가 높다. 석탄 공급량의 82%와 천연가스 공급량의 66%가 발전소의 변환 경로에 집중되고 있다. 이는 한국의 산업과 가정에 공급하는 전기의 상당 부분이 탄소 배출원에서 만들어지고 있음을 보여준다. 현재 우리나라의 전력 생산 과정에서 배출되는 이산화탄소는 전체 탄소 배출량의 절반 이상을 차지하고 있다.

그리고 신재생에너지의 비중이 작다는 점이다. 탄소를 배출하지 않는 전력원으로 이어지는 신재생에너지 비중은 단지 6%에 불과하고, 그 흐름이 매우 작아서 화석 연료가 배출하는 이산화탄소를 상쇄하기에는 너무 부족한 실정이다. 이는 재생에너지 비중이 높아서 경제 성장과 탄소 배출이 분리되고 있는 선진국과 대조적인 현상이라 할 수 있다.

우리나라가 1인당 탄소 배출량을 줄이기 위해서는 개인의 노력도 중요하지만, 무엇보다도 공급과 변환 경로에서 무탄소 에너지

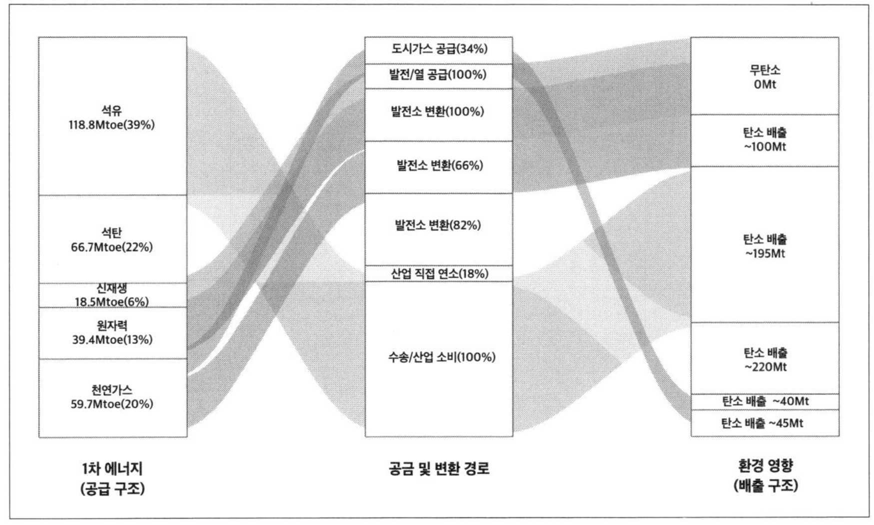

그림 12 · 한국의 에너지 흐름

출처: 에너지경제연구원 및 OWID Carbon Data 기반

로 대체하는 것이 필수적이다. 이를 위해서는 공급 단계인 1차 에너지에서부터 재생에너지와 같은 청정에너지의 확대를 적극적으로 도입해야 한다.

그림자 걷어내기

한국의 에너지 흐름은 오랫동안 경제 성장을 이끌어 온 든든한 시스템이었지만, 최근에는 기후위기라는 짙은 탄소의 그림자에

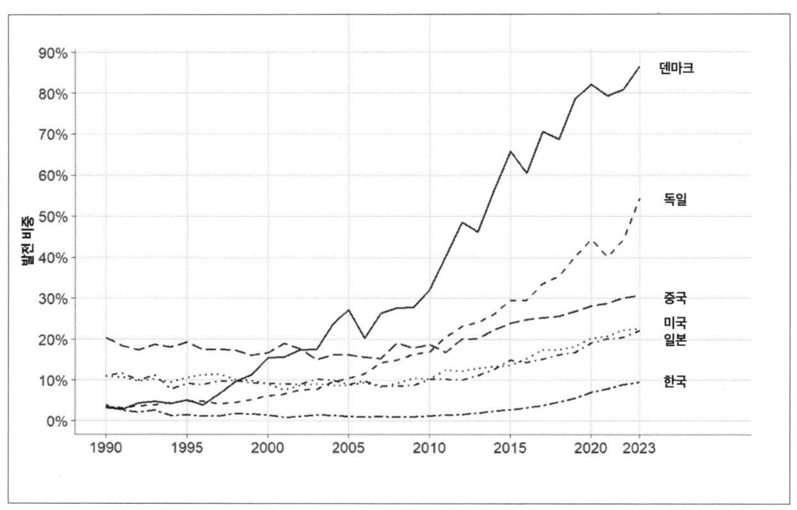

그림 13 · 주요 국가의 재생에너지 발전 비중

출처: Our World in Data(Energy Data)

노출되었다. 유럽의 일부 국가들은 이미 재생에너지를 통해 탄소 그림자를 성공적으로 걷어내고 있다. 덴마크의 경우에는 1990년 초반에 한국과 비슷한 수준의 낮은 재생에너지 비중에서 시작했다. 그러나 2000년대 이후 급격한 전환을 시작해 최근에는 전력 생산의 80% 이상을 재생에너지로 충당하는 수준에 이르렀다. 덴마크의 사례는 그림자가 단번에 사라지는 것이 아니라, 오랜 시간에 걸친 방향성 있는 선택을 통해 점진적으로 걷어낼 수 있음을 보여준다.

독일도 우리나라와 같이 제조업이 발달한 나라임에도 꾸준한 투자로 재생에너지의 발전 비중을 50% 이상 높였다. 증가 속도는 덴마크보다 완만하지만, 장기적으로 보면 명확한 우상향 경로로 진행되고 있다. 독일은 석탄과 원자력 중심 구조에서 재생에너지로 이동하려는 사회적 합의와 정책적 지원이 실제 전력 구조 변화로 이어졌다. 이를 바탕으로 독일은 경제 성장과 탄소 감축이 동시에 가능하다는 것을 증명했다.

미국은 재생에너지 비중이 완만하게 상승하고 있으나, 덴마크나 독일과 비교하면 전환 속도가 상대적으로 느리게 나타난다. 이는 에너지 소비 규모가 크고, 화석 연료 기반 산업과 지역 이해관계가 강하게 남아 있기 때문이었다. 장기적으로는 재생에너지 비중이 꾸준히 확대되고 있어, 그림자가 완전히 걷히지는 않았지만, 점차 옅어지고 있다.

한국의 재생에너지는 다른 나라들이 재생에너지의 비중을 높일 때도 10% 이내에서 완만히 유지되는 특성을 보였다. 그렇지만, 구조적으로도 유럽의 탄소국경제도(CBAM)나 RE100과 같은 무역 장벽을 극복하기 위해서는 재생에너지를 확대해야 한다.

제 2 장

새로운 규칙

탄소 중립

탄소 중립(Net-Zero)의 목적은 지구 평균 기온 상승을 산업화 이전보다 1.5-2°C 이내로 억제하는 것이다. 전문가들은 탄소 중립을 이루지 못할 때 기후 시스템은 돌이킬 수 없는 피해를 초래할 가능성이 커진다고 진단한다.

다음 탄소 중립 개념도(그림 1)는 2020년부터 2050년까지의 기간을 대상으로, 탄소 중립이 어떻게 달성되는지를 시각적으로 보여준다. 진한 영역은 화석 연료 중심의 에너지 구조에서 발생하는 총 온실가스 배출량, 연한 영역은 산림 흡수, 기술적 제거 등으로 인한 흡수 및 제거량, 그리고 선은 이 둘의 차이인 순 배출량(Net emissions)을 나타낸다.

총배출량은 시간이 지날수록 점진적으로 감소하는 경향을 보

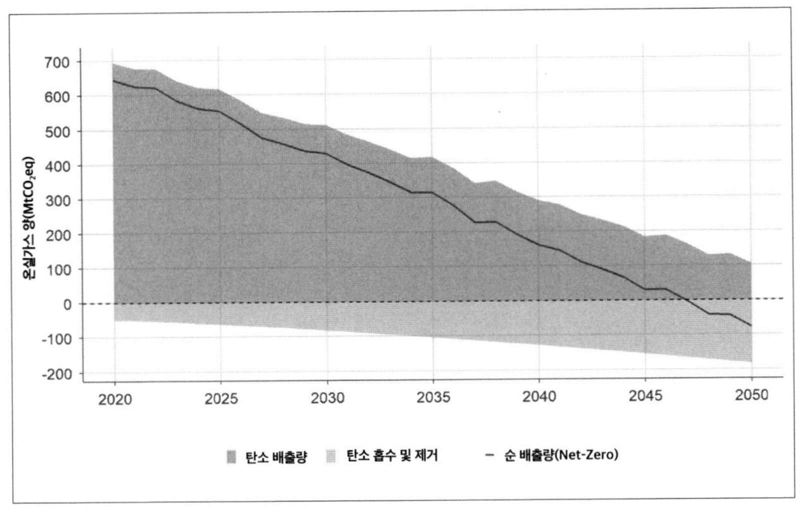

그림 1 · 탄소 중립 개념도

출처: 저자 제작(OWID 에너지 흐름 및 탄소 중립 가이드라인 참고)

인다. 앞서 우리가 분석한 주요국 재생에너지 비중 그래프에서 덴마크(87%)나 독일(53%) 같은 국가들은 이 진한 영역을 매우 가파르게 축소하고 있는 국가들이다. 반면, 한국처럼 재생에너지 비중이 아직 낮은 상태라면 이 영역이 두껍게 유지되어 순 배출량인 선이 0으로 내려가는 속도를 늦춘다. 즉, 화석 연료 사용 감소, 에너지 효율 향상, 재생에너지 확대 등 구조적 전환이 탄소 중립을 위한 중요한 수단이다. 그러나 초기 구간에서는 여전히 배출량이 매우 높아, 단순한 배출 저감만으로는 탄소 중립 달성이 어렵다는 점이 드러난다.

한편, 흡수 및 제거량은 시간이 흐를수록 꾸준히 증가한다. 이는 재생에너지 확대, 탄소 흡수원 관리 강화, 탄소 제거 기술의 발전이 점차 본격화하는 과정을 상징한다. 특히 후반부로 갈수록 제거량의 증가 속도가 빨라지면서, 배출 감축과 제거 확대가 동시에 작동하는 구조가 형성된다.

그래프에서 가장 중요한 내용은 순 배출량이다. 탄소 중립은 단순히 배출을 멈추는 것이 아니라, 상단의 총배출량과 하단의 흡수 및 제거가 거울을 보듯 대칭을 이루어 그 합이 0(Zero)이 되는 상태를 의미한다. 그래프에서 순 배출량인 선이 검은 점선(배출량 0)에 닿거나 그 아래로 내려가는 2045-2050년 사이가 바로 실질적인 탄소 중립 달성 시점이다. 이는 배출되는 온실가스보다 흡수·제거되는 양이 더 많아지는 시점으로, 실질적인 탄소 중립 또는 탄소 네거티브 상태에 도달했음을 의미한다.

탄소 중립 선언

최근 세계적으로 기후위기에 대응하기 위해 탄소 중립을 선언하는 국가들이 빠르게 늘어나고 있다. 2025년 기준으로 전 세계 약 130개 이상의 국가가 탄소 중립 목표를 공식적으로 선언했거나 이를 검토 중이며, 이들 국가가 차지하는 온실가스 배출량은 전 세계 배출량의 대부분에 해당한다.

유럽연합을 비롯한 독일, 프랑스, 영국 등 유럽의 주요 국가들은 2050년까지 탄소 중립을 달성하겠다는 목표를 비교적 이른 시기에 선언했으며, 일부 국가는 이를 법률로 명시해 정책적 구속력을 강화하고 있다. 대한민국과 일본 역시 2050년 탄소 중립을 공식 목표로 설정하고, 에너지 전환과 산업 구조 개편을 추진하고 있다.

미국 또한 2050년 탄소 중립 목표를 제시한 바 있으며, 행정부의 정책 기조에 따라 추진 속도에는 변화가 있지만 장기적인 방향성 자체는 유지되고 있다. 반면, 중국과 브라질과 같이 산업 규모가 크고 개발 단계에 있는 국가는 2060년을 탄소 중립 목표 시점으로 설정해, 단계적인 감축 전략을 선택하고 있다.

한편, 부탄이나 가이아나와 같이 산림 비율이 매우 높은 일부 국가는 이미 흡수되는 탄소의 양이 배출량을 초과해, 순 배출량이 0 이하인 상태로 평가되기도 한다. 이러한 국가는 적극적인 감축 노력보다는 산림 보전과 생태계 유지가 탄소 중립의 핵심 수단이 되고 있다.

한국은 2050년이라는 선도적 목표를 설정했으나, 실질적인 재생에너지 발전 비중은 약 9%로 선도국들에 비해 낮다. 이는 탄소 중립 선언이라는 약속과 현실 사이의 간극을 메우기 위해 더욱 가파른 에너지 전환 정책이 필요하다는 것을 보여준다.

탄소 중립은 더 이상 일부 국가의 선택적 정책이 아니라, 국제 사회에서 거스를 수 없는 글로벌 표준으로 자리 잡고 있다. 현재 다수의 국가가 탄소 중립을 공식적으로 선언했으며, 이는 기후위기에 대응하기 위한 국제적 공감대가 상당 수준 형성되었음을 보여준다.

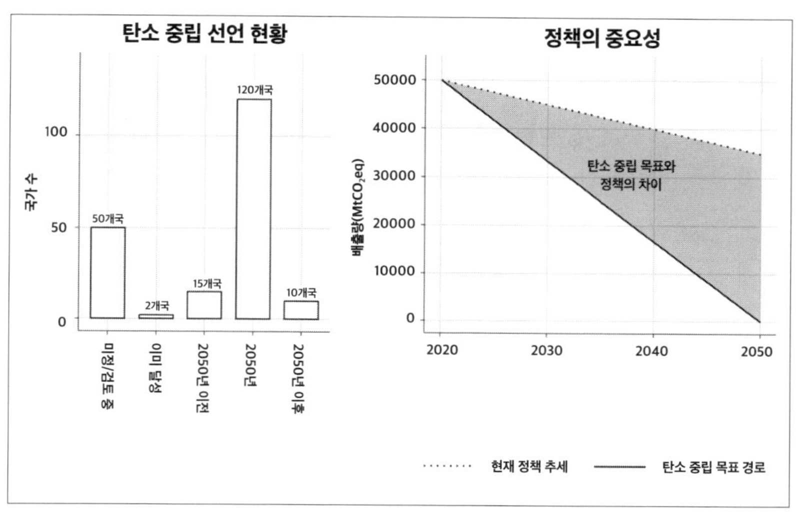

그림 2 · 탄소 중립 선언 현황과 정책의 중요성

출처: Net Zero Tracker(2025/2026) 재구성 등

특히 눈에 띄는 점은 목표 연도의 집중 현상이다. 약 120개국이 2050년을 탄소 중립 달성 시점으로 설정하고 있는데, 이는 파리 협정에서 제시한 1.5°C 목표를 실현하기 위한 사실상의 공통 기준으로 2050년이 받아들여지고 있음을 의미한다. 이와 함께 2050년 이전에 조기 달성을 목표로 하는 소수의 선도 국가 그룹이 존재하며, 중국 등 일부 신흥 대국은 2060년 이후를 목표로 더욱 완만한 감축 경로를 선택하고 있다. 또한 산림 흡수량이 배출량을 웃돌아 이미 탄소 중립을 달성한 소수 국가의 사례는, 탄소 중립이 이론적 구호가 아니라 현실적으로 가능한 목표임을 보여준다.

그러나 이러한 선언의 확산과 달리, 선언된 목표와 실제 배출 추세 사이에는 심각한 차이가 존재한다. 탄소 중립 목표 경로는 2050년을 향해 급격히 배출량을 줄이는 경로를 요구하지만, 현재의 감축 추세는 이에 비해 훨씬 완만한 하락에 그치고 있다. 그 결과 목표와 현실의 차이는 시간이 지날수록 누적되며 확대되며, 현재의 감축 속도가 유지될 경우, 탄소 중립 목표를 달성하는 것이 사실상 불가능함을 의미한다. 따라서 감축 격차가 추상적인 경고가 아니라, 매년 반드시 줄여야 할 구체적인 목표임을 인식해야 한다.

02

ESG

ESG와 탄소 중립

탄소 중립은 오늘날 기업과 국가가 반드시 제시해야 하는 미래 목표가 되었지만, 목표의 선언만으로 그 실현 가능성을 판단하기는 어렵다. 이 지점에서 ESG(Environment·Social·Governance)는 탄소 중립을 평가하고 실행을 강제하는 핵심적인 기준으로 기능한다. 다시 말해, 탄소 중립이 어디로 가야 하는가를 제시하는 방향이라면, ESG는 그 방향으로 실제로 얼마나 가고 있는가를 보여주는 평가 체계라 할 수 있다.

ESG의 환경(Environment) 영역에서 탄소 중립은 가장 핵심적인 성적표 역할을 한다. 기업이 탄소 중립을 선언했는지보다 더 중요한 것은, 실제 배출 감축이 목표 경로에 얼마나 근접해 있는가이다. 현재의 감축 추세와 탄소 중립 목표 사이에는 상당한 감축 차이가 존재한다. ESG 평가는 바로 이 간극을 줄이기 위한 기업의 구체적인 행동을 점검한다. 재생에너지 사용 확대, RE100 참여, 에너지 효율 개선, 공급망 배출 관리 등은 모두 ESG 환경 점수에 직접 반영되며, 기업이 공시하는 탄소 배출 데이터는 이러한 평가의 가장 기본적인 객관적 근거가 된다.

사회(Social)와 지배 구조(Governance) 영역에서도 탄소 중립은 기업의 책임 있는 경영을 가늠하는 기준이 된다. 사회적 측면에서는 탄소 중립 과정에서 발생하는 산업 전환의 부담을 누가, 어떻게 감당하는지가 중요하다. 예를 들어 화석 연료 산업의 축소 과정에서 노동자의 고용 안정과 재교육을 어떻게 보장할 것인지는 정의로운 전환(Just Transition)이라는 이름으로 ESG의 사회적 평가 항목에 포함된다. 이는 탄소 감축이 단순한 환경 정책이 아니라 사회적 합의와 책임을 수반하는 과정임을 보여준다.

지배 구조 측면에서도 탄소 중립은 기업 의사결정 구조의 성숙도를 드러낸다. 이사회 차원의 ESG 위원회 설치, 장기 탄소 감축 전략의 제도화, 경영진 보상과 감축 실적의 연계 여부는 기업이 탄소 중립을 일시적 유행이 아닌 지속 가능한 경영 목표로 받아들이고 있는지를 판단하는 기준이 된다. 즉, ESG는 탄소 중립이 조직 내부에서 얼마나 실질적인 권한과 책임을 갖고 작동하는지를 평가하는 장치이다.

이러한 흐름은 자본과 규제의 논리 속에서 더 강화되고 있다.

유럽의 탄소 국경세와 같은 제도는 탄소 배출이 많은 기업에 직접적인 비용 부담을 부과함으로써, 탄소 중립 실패가 곧 재무적 리스크로 이어지도록 만든다. 동시에 글로벌 자산운용사들은 ESG 경영이 미흡한 기업에 대한 투자를 제한하며, 자본 시장을 통해 탄소 중립 이행을 압박하고 있다. 이에 따라 ESG는 선택적 윤리 기준이 아니라, 기업의 생존과 직결된 경영 전략으로 전환되고 있다.

앞에서 확인한 목표 대비 감축 차이는 이러한 ESG 논의를 수치로 뒷받침한다. 글로벌 차원에서 누적되는 막대한 감축 격차는, 선언 중심의 탄소 중립이 한계에 도달했음을 보여준다. 투자자와 시장은 이제 선언 여부가 아니라, 이 차이들을 실제로 줄일 수 있는 구체적인 이행 로드맵을 갖춘 기업을 선별하고 있다.

ESG와 기업 이익

ESG는 탄소 중립의 이행 여부를 평가하는 기준인 동시에, 기업의 장기적 경쟁력을 형성하는 핵심 요인으로 작동한다. ESG 경영의 가장 중요한 효과는 단기 성과의 확대가 아니라, 기업이 불확실한 환경 속에서도 안정적으로 생존하고 성장할 수 있는 구조를 만든다는 데 있다.

ESG는 기업의 리스크 관리 능력을 강화한다. 환경 규제 강화, 사회적 갈등, 지배 구조 문제는 오늘날 기업 가치에 직접적인 충격을 주는 주요 위험 요인이다. ESG 경영을 체계적으로 수행하는 기업은 탄소 배출, 노동 환경, 의사결정 구조와 같은 잠재적 리스크를 사전에 관리함으로써, 규제 변화나 사회적 논란에 따른 급격한 비용 증가와 가치 하락 가능성을 낮출 수 있다. 이는 ESG가 단순한 윤리 기준이 아니라, 미래 위험을 선제적으로 흡수하는 관리 장치임을 의미한다.

ESG는 기업의 자본 조달 환경에도 유리하게 작용한다. 투자자들은 점점 더 기업의 재무제표뿐 아니라 ESG 공시를 통해 장기적인 안정성과 지속 가능성을 평가하고 있다. ESG 평가가 우수한 기업은 상대적으로 낮은 위험한 투자 대상으로 인식되며, 이는 투자 유치 가능성과 자본 비용에 긍정적인 영향을 미친다. 다시 말해, ESG는 기업이 시장에서 신뢰를 획득하는 일종의 신용 지표로 기능한다.

ESG는 기업의 위기 대응력과 회복력을 높일 수 있다. 외부 충격이 발생했을 때 기업 성과의 차이는 단기 수익률보다 내부 구조에서 비롯되는 경우가 많다. ESG를 충실히 이행한 기업은 환경·사회·지배 구조 전반에서 관리 체계를 갖추고 있으므로, 위기 상황에서도 급격한 붕괴보다는 완만한 조정과 빠른 회복을 보일 가능성이 높다. 이는 ESG 경영이 기업의 변동성을 낮추고, 장기적인 가치 흐름을 안정화하는 데 기여함을 시사 강조한다.

ESG는 기업의 전략적 선택 범위를 넓힌다. 탄소 중립과 ESG 기준을 선제적으로 충족한 기업은 규제 변화에 수동적으로 대응하는 입장이 아니라, 새로운 시장과 기술 전환을 기회로 활용할

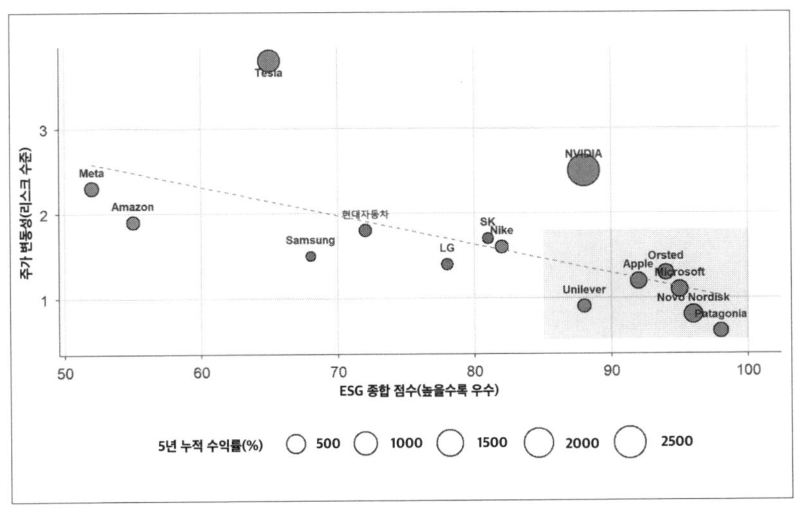

그림 3 · ESG와 리스크

출처: MSCI ESG Rationgs, Yahoo Finance 및 기업 공시 자료 기반 재구성

수 있다. 재생에너지, 친환경 기술, 지속 가능한 공급망을 중심으로 한 사업 전략은 ESG를 부담이 아닌 성장 동력으로 전환하는 기반이 된다.

〈그림 3〉은 ESG 종합 점수와 기업의 주가 변동성(리스크), 그리고 누적 수익 규모가 어떤 관계를 맺는지를 보여준다. 결과적으로 ESG 점수가 높을수록 기업 리스크가 낮아지는 경향을 나타낸다.

그래프의 오른쪽 아래 영역에는 마이크로소프트(Microsoft), 애플(Apple), 유니레버(Unilever), 노보 노디스크(Novo Nordisk), 오스테드(Ørsted)와 같은 기업들이 밀집해 있다. 이들은 공통으로 ESG 점수가 매우 높고, 주가 변동성은 낮으며, 동시에 누적 수익 규모도 큰 편에 속한다. 이는 ESG 경영이 단기적인 수익 극대화보다는 리스크를 통제한 상태에서 장기적인 이익을 축적하는 구조와 연결될 가능성을 보여준다.

반대로 ESG 점수가 상대적으로 낮은 기업들은 그래프의 좌측 또는 중앙 상단에 위치하며, 변동성이 높게 나타난다. 일부 기업은 단기적으로 상당한 수익을 기록했을 수 있으나, 주가 변동성이 크다는 점에서 외부 충격에 취약할 수 있다. 엔비디아(NVIDIA)와 테슬라(Tesla)는 5년 누적 수익률이 압도적이다. 엔비디아는 높은 성장세와 더불어 비교적 양호한 ESG 성과를 보이지만, 테슬라와 메타(Meta), 아마존(Amazon)은 거버넌스(G)나 사회적 리스크(S)로 인해 상대적으로 높은 변동성 지표를 나타냈다. 국내 기업인 LG, SK, 삼성은 글로벌 평균 이상의 ESG 성과를 보이며 우측으로 이동 중인 것으로 보인다.

ESG 우수 사례

ESG 경영은 더 이상 기업이 착한 일을 하고 있는지를 보여주기 위한 홍보 수단이 아니라, 비재무적 요소(환경, 사회, 지배 구조)를 전략적으로 관리해 장기적인 생존 가능성과 경쟁력을 확보하기 위한 핵심 경영 방식으로 자리 잡았다. 특히 국제적 기업들의 사례를 살펴보면, ESG는 탄소 중립이라는 환경 목표를 넘어 사회적 가치 창출과 투명한 의사결정 구조를 통해 실제 성과로 연결되고 있음을 확인할 수 있다.

유니레버는 ESG를 기업 정체성의 중심에 둔 대표적인 사례다. 유니레버는 환경(E)뿐 아니라 사회(S)적 가치를 브랜드 전략과 직접적으로 결합했다. 도브(Dove)는 광고 모델의 외모를 보정하지 않는 원칙을 고수하며, 청소년 대상 자존감 교육 프로그램을 병행했다. 글로벌 공급망에서는 팜유, 차(tea), 카카오 원료 조달 과정에서 소규모 농가와 장기 계약을 체결하고, 노동 기준과 인권 보호 요건을 충족하지 못하는 공급 업체와는 거래를 중단했다. 이러한 접근은 단순한 이미지 제고를 넘어 실제 매출 성장으로 이어졌으며, 지속 가능성을 고려한 브랜드들이 기업 전체 성장의 핵심 동력이 되었다.

스타벅스는 ESG를 통해 공급망의 윤리성과 조직 내부의 신뢰를 동시에 강화한 사례다. 자체 인증 제도(C.A.F.E. Practices)를 통해 커피 농가의 노동 환경, 임금 수준, 환경 보호 여부를 평가하고, 기준을 충족한 농가에만 프리미엄 가격을 지급한다. 이 제도는 외부 인증에 의존하지 않고 자체 기준을 지속적으로 개선해 왔다는 점에서 특징적이다. 사회적 측면에서 직원을 파트너로 규정하고, 일정 근무 요건을 충족하면 대학 학비를 지원하는 제도를 운용해 왔다. 동시에 이사회 구성의 다양성을 높이고, 경영진 보상에 ESG 성과를 반영하는 등 지배 구조의 투명성을 강화했다.

덴마크의 제약 기업 노보 노디스크는 ESG를 지배 구조 차원에서 제도화한 선구적 사례로 평가된다. 정관에 재무적 성과, 사회적 책임, 환경적 책임을 동시에 고려한다는 원칙을 명시하고 있으며, 신규 사업이나 인수합병 시에도 이 세 기준 중 하나라도 충족하지 못하면 추진하지 않는 구조로 되어 있다. 사회적 측면에서도 노보 노디스크는 당뇨병 치료제 접근성이 낮은 국가를 대상으로 차등 가격 정책을 운용하고, 현지 의료진 교육과 환자 인식 개선 프로그램을 병행했다.

나이키는 과거 아동 노동과 열악한 노동 환경 문제로 글로벌 비판을 받은 이후, 공급망 전반을 재설계하는 방향으로 ESG 전략을 전환했다. 나이키는 협력 공장의 위치, 노동 조건, 감사 결과를 공개하는 데이터베이스를 구축하고, 외부 시민 단체와 학계의 검증을 수용했다. 사회적 측면에서도 중립을 선택하기보다, 인종 차별 반대와 같은 사회적 이슈에 명확한 태도를 밝혔다.

애플의 ESG 전략은 본사 차원의 친환경 정책에 머무르지 않고, 전 세계 수백 개 협력 업체를 포함한 공급망 전체에 적용된다. 애플은 협력사에 재생에너지 사용 계획과 탄소 감축 목표를 제출하도록 요구하고, 이행 여부를 정기적으로 점검한다. 기준을 충족하지 못하는 업체는 실제로 거래 관계가 종료될 수 있다. 또한 애플은 제품 설계 단계에서부터 재활용 소재 사용 비중을 높이고, 제품 수명을 연장할 수 있도록 구조를 개선했다. 이는 환경(E) 성과와 동시에 자원 가격 변동 리스크를 줄이는 효과를 낳았다. 사회적 측면에서도 공급망 노동 기준을 엄격히 관리함으로써, 비용 절감을 이유로 인권 문제가 발생하는 것을 방지하려는 구조를 갖췄다.

아웃도어 기업 파타고니아는 ESG를 경영 전략이 아닌 기업의 존재 이유로 설정한 사례다. 소유 구조를 환경 보호 목적에 맞게 재편함으로써, 이윤 극대화 압력에서 벗어나는 선택을 했다. 이에 따라 매출 성과보다 환경적·사회적 영향이 경영 판단의 우선 기준이 되었다. 제품 측면에서도 파타고니아는 재활용 소재 사용을 확대하고, 수선 프로그램을 운영해 소비자가 제품을 오래 사용하도록 유도했다. 이처럼 과도한 소비를 줄이자는 메시지를 직접적으로 전달함으로써 환경과 지배 구조를 일관된 경영 전략으로 유지했다.

마이크로소프트는 탄소 중립을 넘어 탄소 네거티브라는 목표를 제시하며 ESG의 범위를 확장했다. 이를 위해 탄소 제거 기술 기업에 직접 투자하고, 내부적으로는 탄소 가격을 도입해 각 부서가 배출 비용을 의사결정에 반영하도록 했다. 사회적 측면에서는 기후 기술 스타트업을 지원하는 펀드를 조성해, 기술 생태계 전반의 전환을 촉진했다. ESG 목표를 이사회 차원에서 관리하고 경영진 보상과 연계한 점은 지배 구조 측면에서도 높은 평가를 받는다.

오스테드는 ESG가 비즈니스 모델 자체를 어떻게 전환할 수 있는지를 보여주는 교과서적 사례다. 오스테드는 화석 연료 중심 기업에서 재생에너지 기업으로 전환하며, 탄소 집약도를 대폭 낮추는 데 성공했다. 석탄·가스 자산을 매각하고, 해상 풍력에 대규모 투자를 집중하면서 기업의 수익 구조 자체를 바꿨다. 그 결과 탄소 집약도를 크게 낮추는 동시에, 재생에너지 시장 확대의 수혜를 직접적으로 누렸다.

03

RE100

1.5°C의 한계선을 지키기 위한 탄소 중립 그리고 경영 지표로서 ESG라면, RE100은 이를 달성하기 위한 가장 구체적이고 실질적인 실행 수단이다. RE100은 기업이 사용하는 전력의 100%를 재생에너지로 전환하겠다는 글로벌 캠페인으로, 더클라이밋그룹(The Climate Group)과 CDP가 공동으로 주도하고 있다. RE100은 법적 의무가 아니라 자발적이지만, 참여 기업들은 명확한 목표 연도와 이행 수단을 공개해야 하며, 진행 상황 역시 정기적으로 점검받는다.

RE100이 중요한 이유는 탄소 중립 논의에서 가장 큰 비중을 차지하는 전력 사용으로 인한 간접 배출을 직접적으로 줄이기 때문이다. 많은 기업에서 전력 사용은 전체 온실가스 배출의 상당 부분을 차지하며, 재생에너지 전환 여부는 탄소 감축 성과를 단기간에 가시화할 수 있는 핵심이다. 따라서 RE100은 탄소 중립 선언의 실현 가능성을 판단하는 명확한 지표 중 하나로 작동한다.

ESG 관점에서 RE100은 특히 환경 영역의 핵심이다. 기업이 RE100에 참여한다는 것은 단순한 친환경 이미지 제고가 아니라, 에너지 조달 구조 자체를 바꾸겠다는 것이다. 이는 ESG 평가에서 기업의 환경 전략이 선언에 머무르지 않고 실제 투자와 운영에 반영되고 있음을 보여주는 강력한 증거가 된다. 실제로 재생에너지 구매 계약(PPA), 자체 발전 설비 투자, 재생에너지 인증서 활용 등은 ESG 공시에서 중요한 평가 요소다.

RE100은 ESG의 사회와 지배구조 영역과도 연결된다. 사회적 측면에서 재생에너지 전환은 지역 사회의 에너지 구조 변화, 일자리 전환, 에너지 정의와 관련 있다. 기업이 RE100을 추진하는 과정에서 협력사와 공급망 전반에 재생에너지 사용을 요구할 경우, 이는 중소 협력사의 부담으로 전가될 수도 있다. 따라서 이러한 전환을 어떻게 지원하고 조정하는가는 ESG의 사회적 평가 대상이라 할 수 있다.

지배구조 측면에서 RE100은 기업 의사결정 구조의 장기적인 지속성과 관련 있다. 재생에너지 전환은 단기 비용 증가를 수반할 수 있지만, 장기적으로는 에너지 가격 변동성 축소와 규제 리스크 완화라는 이점이 있다. 이사회가 이러한 장기 관점을 수용하고, RE100 목표를 기업 전략에 제도적으로 반영하는지는 ESG 지배 구조 평가에서도 중요한 평가 기준이다.

따라서 RE100은 탄소 중립과 ESG를 연결하는 실천의 정책이다. 탄소 중립이 선언에 그치지 않기 위해서는, 전력이라는 가장 기본적인 생산 요소부터 변화가 시작되어야 하며, RE100은 그 변화를 가장 명확하게 드러내는 방안이다.

기업의 온실가스 배출은 배출량의 규모보다는 어디서, 누구의 통제로 발생했는지에 따라 Scope 1, Scope 2, Scope 3으로 구분된다. Scope 1은 기업이 직접 소유하거나 통제하는 시설에서 발생하는 온실가스를 의미한다. 예를 들면 공장에서 보일러 가동을 위한 연료 소비로 배출되는 이산화탄소, 회사 차량이나 물류 트럭 등에서 배출하는 이산화탄소 등이다. 이러한 배출은 기업 운영 과정에서 직접적인 배출에 해당하기 때문에 기업이 책임과 통제 권한을 가장 명확하게 가진 분야다. 그렇지만, 기업으로서도 이산화탄소 배출 저감과 관련한 기기 교체, 연료 전환, 공장 개선 등에 기술적이고 비용적 부담이 클 수 있다.

Scope 2는 기업이 외부에서 구매한 전기, 열, 스팀을 사용하면서 간접적으로 발생한 온실가스를 의미한다. 공장과 사무실, 데이터 센터, 매장, 물류 센터 등의 전력 사용이 있다. 즉 전력을 실제로 생산하는 곳은 발전소이지만, 이 전력을 사용했기 때문에 발생한 이산화탄소 배출이어서 기업의 책임에 포함된다. 많은 기업에서 Scope 2가 전체 배출량 중 큰 비중을 차지한다. 따라서 기업에서 이 부분을 재생에너지로 전환할 때 온실가스 배출에 기여할 수 있고, RE100의 주요 목표라 할 수 있다.

Scope 3은 기업의 직접적인 통제 범위에 있지 않지만, 가치 사슬 전반에서 발생하는 온실가스를 포함한다. 예를 들면, 원자재 생산 과정, 제품 운송과 유통 과정 그리고 소비자가 제품을 사용하는 동안 배출되는 이산화탄소가 있다. Scope 3은 글로벌 기업의 경우 가장 큰 비중을 차지하는 것으로 알려져 있다. 그리고 기업이 직접 통제하기 어렵기 때문에 관리가 까다롭다. 그렇지만, 탄소 중립을 달성하기 위해서는 Scope 3과 관련된 온실가스 감축이 필수적이다.

기업의 이행 방법

RE100은 기업이 사용하는 전력의 100%를 재생에너지로 전환하겠다는 명확한 목표를 제시하지만, 그 목표에 도달하는 경로는 하나로 정해져 있지 않다. 기업은 전력 사용 규모, 재무 여력, 국가별 제도 환경, 그리고 글로벌 평판을 종합적으로 고려하여 다양한 이행 수단을 선택하고 이를 조합한다. 따라서 RE100은 단순한 환경 선언이 아니라, 에너지 조달 구조를 둘러싼 전략적 의사결정의 결과라고 볼 수 있다.

직접 전력구매계약(PPA, Power Purchase Agreement)은 기업이 재생에너지 발전 사업자와 장기 계약을 체결하고, 정해진 조건에 따라 전력을 직접 구매하는 방식이다. 이 방법은 신규 재생에너지 설비의 건설이나 확장을 유도할 수 있으므로, 실제 탄소 감축에 기여했다는 점에서 추가성(Additionality)이 가장 높게 평가된다. 또한 장기 계약을 통해 전력 가격 변동에 따른 불확실성을 줄일 수 있어, 에너지 비용 관리 측면에서도 장점이 있다. 반면 계약 기간이 길고 계약 구조가 복잡하여 법률적·기술적 검토가 필수적이며, 장기적인 재무 부담을 수반할 수 있다는 점은 한계로 작용한다. 이러한 특성 때문에 직접 PPA는 주로 전력 소비량이 많고 중장기 경영 전략을 수립할 수 있는 대기업을 중심으로 활용되는 경향이 있다.

녹색 프리미엄(Green Pricing)은 기업이 기존 전기요금에 일정 금액을 추가로 지불하고, 그에 상응하는 재생에너지 사용 실적을 인정받는 방식이다. 별도의 발전 설비 투자나 복잡한 계약이 필요 없어서, RE100 이행 수단 중 가장 접근성이 좋고 단기간에 실적을 확보할 수 있다는 장점이 있다. 그러나 이 방식은 이미 생산된 재생에너지를 구매하는 구조이기 때문에, 새로운 발전 설비 확대에 직접적으로 기여한다는 보장이 약하다. 이에 따라 글로벌 평가 기준에서는 탄소 감축의 실질성, 즉 추가성 측면에서 상대적으로 낮은 평가를 받는 때도 있다.

신재생에너지공급인증서(REC) 구매는 재생에너지 발전 사업자가 전력을 생산할 때 발급받는 인증서만을 별도로 구매하여 재생에너지 사용 실적으로 인정받는 방식이다. 전력 자체를 물리적으로 구매하지 않더라도 RE100 목표 달성이 가능하다는 점에서 제도적 유연성이 크며, 기업은 전력 사용량에 맞춰 필요한 만큼만 인증서를 조정해 구매할 수 있다. 하지만 인증서 가격의 변동성이 존재하고, 실제 에너지 소비 구조의 변화 없이 형식적으로 목표를 달성할 수 있다는 점에서 환경적 기여도에 대한 평가는 직접 PPA에 비해 낮을 수 있다.

자가발전(Self-Generation)은 기업이 공장 지붕, 주차장, 유휴 부지 등에 태양광 등 재생에너지 설비를 직접 설치해 전력을 생산하고 소비하는 방식이다. 이는 외부 전력망 의존도를 줄이고 에너지 자립도를 높일 수 있는 가장 직관적인 수단이다. 또한 기업의 재생에너지 전환 의지를 물리적으로 보여줄 수 있다는 점에서 상징적 효과도 크다. 다만 설치할 수 있는 부지의 한계와 초기 투자 비용 부담으로 인해, 대규모 전력 수요를 모두 충당하기에는 현실적인 제약이 따른다. 따라서 자가발전은 단독 수단보다는 다른 이행 방식과 병행되는 경우가 많다.

이처럼 RE100 이행 수단은 각각 장단점과 탄소 감축 기여도가 다르며, 어느 하나의 방식만으로 모든 기업에 적합하다고 보기는 어렵다. 기업들은 비용 부담, 제도 환경, ESG 평가 기준, 그리고 장기적인 에너지 전략을 종합적으로 고려해 여러 수단을 조합한다.

RE100 달성 기업

RE100을 달성했다는 것은 단순히 일부 사업장에서 재생에너지를 사용한다는 의미가 아니라, 기업이 전 세계 사업 운영에 필요한 전력을 연간 기준으로 100% 재생에너지로 충당하고 있음을 검증받았다는 뜻이다. 이 과정에서 기업들은 대규모 재생에너지 조달 계약을 체결하고, 장기간에 걸쳐 에너지 조달 구조를 단계적으로 전환해 왔다.

대표적인 기업이 구글이다. 구글은 2017년을 기준으로 전 세계 사업장에서 사용하는 전력 소비량과 같은 규모의 재생에너지를 매년 확보하는 체계를 구축했다. 데이터 센터와 사무실에서 사용하는 전력 규모는 연간 수십 테라와트시(TWh)에 이르며, 이를 충당하기 위해 대규모 태양광 및 풍력 발전소와 직접 전력구매계약을 체결해 왔다. 이로써 구글은 RE100을 가장 이른 시기에 달성한 기업 중 하나로 평가된다.

마이크로소프트는 2020년을 전후로 글로벌 사업장에서 사용하는 전력 전량을 재생에너지로 전환했다. 마이크로소프트 역시 대형 데이터 센터 운영으로 인해 막대한 전력 수요를 가지고 있으며, 이를 충족하기 위해 장기간 직접 PPA를 중심으로 재생에너지 조달 규모를 빠르게 확대했다. 현재 마이크로소프트의 재생에너지 사용 규모는 연간 수십 TWh 수준으로 알려져 있다.

애플도 2018년을 기준으로 자사 사업장에서 사용하는 전력을 100% 재생에너지로 전환했다. 애플은 대형 태양광 발전소에 직접 투자하거나 장기 계약을 체결하는 방식을 통해 안정적인 전력 공급을 확보했으며, 연간 전력 사용 규모 역시 수십 TWh에 달한다. 특히 애플은 자사 RE100 달성에 그치지 않고, 협력사들에도 재생에너지 사용을 요구하며 전환 범위를 공급망 전체로 확장하고 있다.

소비재 산업에서는 유니레버가 비교적 이른 시기에 RE100 목표를 달성했다. 유니레버는 2020년대 초반을 기준으로 전 세계 공장과 물류 시설에서 사용하는 전력을 재생에너지로 전환했다. 제조 시설과 유통망이 전 세계에 분산된 구조임에도, 지역별 제도에 맞춰 다양한 조달 방식을 병행함으로써 RE100을 달성했다는 점에서 의미가 크다.

한국 기업의 RE100 사례

한국 기업들의 RE100 참여는 글로벌 기업과 비교하면 비교적 늦게 시작되었지만, 최근 들어 빠르게 확산하고 있다. 2025년 기준 약 36개의 국내 기업이 RE100에 가입하여 재생에너지 조달을 약속하고 있다. 글로벌 RE100 전체 회원사 수에 비하면 많지 않은 편이지만, 반도체·전자·배터리·자동차처럼 전력 사용량이 많고 수출 비중이 높은 산업을 중심으로 참여가 꾸준히 확대되고 있다. 글로벌 공급망 요구와 수출 경쟁력 유지라는 현실적인 필요 때문에 추진되고 있다는 점에서 특징적이다. 기업 대부분은 재생에너지 전환 목표 연도를 2050년으로 설정하고, 단계적으로 전력 조달 구조를 전환하는 전략을 채택하고 있다.

삼성전자는 대표적인 RE100 가입 기업으로, 글로벌 사업장을 중심으로 재생에너지 사용을 확대하고 있다. 삼성전자는 해외 생산 기지와 사무 시설이 위치한 지역에서는 직접 전력구매계약과 장기 재생에너지 계약을 통해 전력을 조달하고 있으며, 제도적 여건이 제한적인 지역에서는 재생에너지 인증서 구매를 병행하고 있다. 특히 재생에너지 공급이 상대적으로 용이한 미국과 유럽, 일부 아시아 국가의 사업장에서는 이미 상당한 수준의 재생에너지 전환이 이루어진 것으로 평가된다.

SK하이닉스 역시 RE100을 중장기 경영 전략에 포함하고 있다. 반도체 제조 공정은 대규모 전력을 지속적으로 소비하는 구조이기 때문에, SK하이닉스는 해외 공장을 중심으로 재생에너지 전력 구매계약과 인증서 활용을 통해 재생에너지 사용 비중을 높이고 있다. 장기적으로는 국내에서도 직접 PPA 등 구조적인 조달 방식을 확대할 계획을 세우고 있다.

현대자동차와 기아 역시 RE100 목표를 설정하고 글로벌 생산 거점을 중심으로 재생에너지 사용을 확대하고 있다. 이들 기업은 해외 공장에서 재생에너지 전력 계약을 체결하거나 인증서를 활용해 전력을 전환하고 있으며, 완성차 생산뿐 아니라 향후 부품·물류 등 공급망 전반으로 재생에너지 요구를 확대하려는 방향을 제시하고 있다.

LG전자와 LG에너지솔루션 등 LG그룹 계열사들도 RE100에 참여하고 있으며, 해외 사업장을 중심으로 재생에너지 사용 비중을 단계적으로 늘리고 있다. 특히 배터리 산업의 경우 글로벌 완성차 기업들이 생산 과정의 탄소 배출까지 평가하고 있으므로, 재생에너지 조달은 기술 경쟁력과 직결된 요소로 인식되고 있다. 이에 따라 LG 계열사들은 장기적으로 직접 PPA, 재생에너지 인증서, 녹색 요금제 등을 병행하는 전략을 취하고 있다.

해외에서 국내 기업에 RE100을 요구하는 사례와 현실

글로벌 기업들은 자사만 재생에너지로 전환하는 데서 나아가, 협력사와 부품 공급 업체에도 재생에너지 사용을 요구하며 이를 계약과 평가 기준에 반영하고 있다. 이러한 흐름 속에서 한국 기업 역시 해외 고객사로부터 RE100과 유사한 수준의 재생에너지 전환 요구를 직접적으로 받고 있다.

애플은 Apple 2030이라는 목표를 통해 2030년까지 자사 제품 생산과 공급망 전체에서 탄소 중립을 달성하겠다고 선언했다. 이에 따라 한국의 반도체, 디스플레이, 전자 부품 기업들은 애플 공급망에 남기 위해 생산 공정에서 사용되는 전력의 재생에너지 전환 계획을 제시해야 하는 상황에 놓였다. 애플은 매년 환경 경과 보고서(Environmental Progress Report)를 통해 재생에너지 사용을 약속한 협력사 명단을 공개하고 있다. 한국에서는 삼성전자, SK하이닉스, 삼성SDI, LG에너지솔루션, LG이노텍, 삼성디스플레이, LG디스플레이가 애플의 요구를 수용했고, 전체적으로 약 30개 이상의 한국 부품 관련 기업이 협력사 청정에너지 프로그램(Supplier Clean Energy Program) 참여를 확정했다.

구글도 애플처럼 한국의 삼성전자와 SK하이닉스에 2029년까지 재생에너지를 사용한 부품을 요구했다. 구글이 2029년까지 협력사에게 재생에너지 사용을 요구한 것은, 구글이 2030년까지 전 사업장 및 공급망에서 완벽한 탄소 중립을 선언했기 때문이다. 또한 RE100보다 까다로운 기준인 실시간 매칭(24/7 CFE(Carbon Free Energy))을 협력사에 요구했다. 실시간 매칭은 1년 치 전력량을 인증서로 한꺼번에 사는 것이 아니라, 매시간 사용하는 전력을 무탄소 에너지원(원자력, 수소도 가능)으로 공급받는 방식이다. 즉 실시간으로 탄소가 배출되지 않는 전력을 사용해야 한다는 의미다.

마이크로소프트는 탄소 중립보다 한 단계 더 나아간 탄소 네거티브를 목표로 삼고 있다. 이는 단순히 탄소 배출량을 0으로 한다는 것보다, 과거부터 배출해 온 탄소까지 상쇄하겠다는 의지를 보인 것이다. 마이크로소프트는 공급 업체 행동강령(Supplier Code of Conduct)을 개정해서 협력사들에게 2030년까지 제품이나 서비스에 들어가는 전력을 100% 재생에너지로 사용하고 2030년까지 온실가스 배출량을 최소 55% 이상 줄이고, Scope 1, 2, 3과 관련한 배출 자료까지 검증을 거쳐 매년 보고하도록 했다. 한국에는 반도체 분야에서 삼성전자와 SK하이닉스, 태양광 모듈 공급에서 한화솔루션, 배터리와 저장 장치 분야에서 LG에너지솔루션과 삼성SDI가 관련되어 있다.

독일의 완성차 업체인 BMW도 가장 지속 가능한 공급망을 목표로 30여 개에 달하는 한국 협력사에 RE100을 요구하고 있다. 배터리의 경우 5세대 배터리 셀을 공급하는 업체들에게 100% 녹색 전력만을 사용할 것을 요구하고 있다. 차체에 들어가는 철강과 알루미늄도 탄소 배출을 줄인 제품을 우선적으로 채택하고, 이에 따라 협력사에도 탈탄소 공정 도입을 촉구하고 있다. 한국 업체로는 배터리와 관련하여 삼성SDI와 LG화학이 있으며, 철강 공급사로 포스코가 있다. 기타 엔진 부품이나 차량 관련 부품을 납품하는 중견 기업들도 2-3년 이내에 RE100 이행 계획이 없으면 최종 낙찰에서 제외될 수 있다는 통보를 받은 사례가 보고되었다. BMW의 사례를 보면 과거에는 가격과 품질이 수주 조건이었다면, 이제는 재생에너지의 사용 여부도 수주를 결정하는 주요 요소가 되었다는 것을 알 수 있다. 결국 RE100은 단순한 친환경 캠페인이 아니라, 세계 시장에서 한국 제조 기업들이 살아남기 위한 필수적인 수출 경쟁력의 척도가 되었다.

한국 기업들이 RE100 목표를 안정적으로 달성하고 국제 경쟁력을 유지하기 위해서는 개별 기업의 노력만으로는 한계가 있으며, 국내 에너지 구조 전반에 대한 개선이 필수적이다. 우선 재생에너지 발전 설비 확대를 위한 제도 개선이 필요하다. 인허가 기준을 명확히 하고, 환경 훼손과 주민 수용성 문제를 조정할 수 있는 중재 장치를 강화함으로써 재생에너지 사업이 예측할 수 있는 환경에서 추진될 수 있도록 해야 한다.

둘째로 기업이 직접 재생에너지를 조달할 수 있는 시장 구조의 개선이 요구된다. 기업과 발전 사업자가 더 쉽게 장기 계약을 체결할 수 있도록 계약 구조를 단순화하고, 중개 기관의 역할을 강화해 거래 비용을 낮출 필요가 있다. 이는 기업이 신재생에너지 공급인증서나 녹색 프리미엄에 과도하게 의존하지 않도록 하는 데에도 중요하다.

셋째, 재생에너지 전력의 가격 부담을 완화하는 정책적 지원이 필요하다. 초기 전환 단계에서는 재생에너지 전력 단가가 높을 수밖에 없어서, 세제 혜택이나 금융 지원을 통해 기업의 부담을 완화해야 한다. 그렇지 않으면 RE100이 곧바로 산업 경쟁력 약화로 이어질 수 있다.

넷째, 전력망과 에너지 저장 인프라에 대한 대규모 투자가 병행되어야 한다. 전력망이 충분히 뒷받침되지 않으면 재생에너지 발전량이 늘어나더라도 기업이 실제로 사용할 수 있는 전력은 제한될 수밖에 없다.

다섯째, 중소기업과 협력사를 포함한 전환 지원 체계가 필요하다. 글로벌 기업의 RE100 요구는 대기업을 넘어 협력사로 확산하고 있지만, 중소기업은 재생에너지 전환에 필요한 자금과 정보가 부족한 경우가 많다.

마지막으로, RE100과 국가 에너지 정책의 정합성 강화가 중요하다. 기업의 재생에너지 전환 목표와 국가 전력 수급 계획이 따로 움직일 경우, 기업은 불확실성을 감수해야 한다. 장기적인 전력 믹스 계획 속에 기업의 RE100 수요를 반영하고, 정책의 일관성을 유지함으로써 기업이 장기 계획을 세울 수 있는 환경을 조성해야 한다.

생태 문명 시대의 에너지

깨끗한 에너지

자연이 주는 깨끗한 에너지는 태양, 바람, 물, 땅, 생물과 같이 자연의 순환 과정에서 얻을 수 있는 에너지다. 기존처럼 연료를 태워서 에너지를 생산하는 방식이 아니라, 이미 자연에 존재하는 흐름을 이용한다는 점에서 화석 에너지와 차이가 있다. 이러한 차이가 에너지를 얻는 과정에서 이산화탄소와 대기오염 물질의 배출이 거의 발생시키지 않는다. 그래서 자연 에너지가 지구 온난화로 인한 기후위기 시대의 대응 방안으로 여겨지고 있다.

탄소 세기

탄소 세기는 에너지를 생산하거나 소비하는 과정에서 얼마나 많은 이산화탄소가 배출되는지를 나타내는 지표이다. 일반적으로 전력 1킬로와트시를 생산할 때 배출되는 이산화탄소 환산량을 이다. 탄소 세기가 높을수록 동일한 전력을 생산하는 과정에서 더 많은 온실가스를 배출한다는 의미이며, 반대로 탄소 세기가 낮을 수록 친환경적인 에너지원이라고 평가할 수 있다.

먼저 화석 연료는 고탄소 배출원으로, 특히 석탄은 모든 에너지원 중 가장 높은 배출량을 나타내기 때문에 기후변화의 주된 원인이 된다. 석유는 석탄보다는 낮으나 여전히 높은 탄소 발자국을 나타낸다. 천연가스도 화석 연료 중에서는 청정해 보이지만, 재생에너지와 비교하면 수십 배 이상의 탄소를 배출한다. 재생에너지로 알려진 바이오 에너지는 연소 과정에서 화석 연료와 재생에너지의 중간 정도의 이산화탄소를 배출한다.

재생에너지는 탄소 세기가 매우 낮아서 저탄소 또는 청정 에너지로 불린다. 태양광과 태양열은 패널 제조 공정 등에서 발생하는 탄소를 포함하더라도 화석 연료와 비교해서 1/10에서 1/20 수준으로 낮다. 수력은 안정적인 기저 부하로서 기능을 하면서 매우 낮은 배출량을 보인다. 해상 풍력과 육상 풍력은 가장 낮은 탄소 세기를 갖는 에너지원이다.

수치상으로 탄소 세기가 가장 큰 석탄과 가장 적은 육상 풍력에서 탄소 배출은 74배로 차이가 크다. 따라서 탄소 세기가 높은 한국은 석탄과 같은 화석 연료 비중을 줄이고, 태양광과 풍력의 저탄소 발전원을 확대해야만 탄소 중립을 이룰 수 있고, 전 세계 기후변화 완화에 기여할 수 있다.

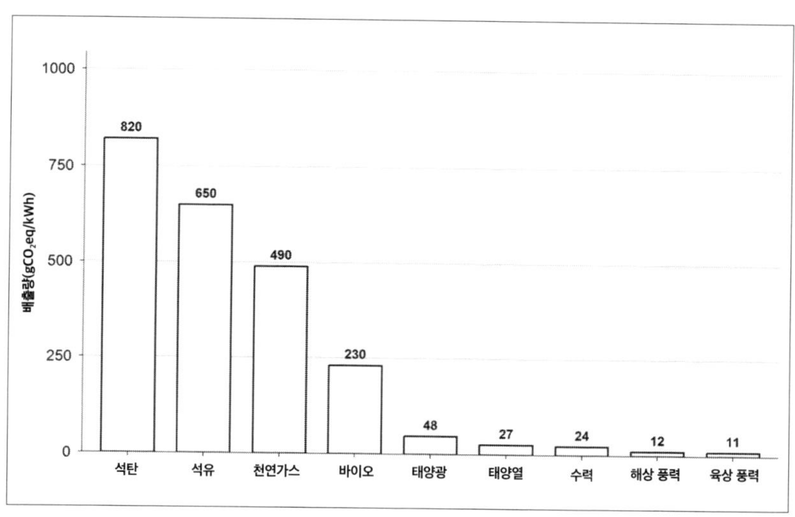

그림 1 · 에너지별 탄소 세기

출처: IPCC AR6(2022) 및 UNECE(2022) 최신 데이터 기반

태양 에너지는 일반적으로 연간 일사량이 높을수록 같은 면적의 태양광 설비로 더 많은 전력을 생산할 수 있어서, 태양광 발전 잠재력이 크다고 평가된다. 사하라 사막을 포함한 북아프리카, 중동, 아프리카 남부, 호주, 남미 일부 지역은 일 년 내내 태양 복사가 강하고 맑은 날이 많아, 세계적으로 가장 높은 태양광 에너지 잠재량을 가진 곳이다. 반면 북유럽, 러시아, 캐나다 등 고위도 지역은 태양 고도가 낮고 겨울철 일조 시간이 짧아서 태양광 발전 잠재력이 낮다.

재생에너지의 잠재력은 국가별로 매우 불균등하게 분포한다.

태양광 에너지는 어디에서나 똑같이 생산되는 에너지가 아니라, 자연조건에 따라 생산 효율이 크게 달라진다. 따라서 태양광 중심의 에너지 전략이 모든 국가에 같게 적용되기는 어렵고, 각 국가의 기후와 지리적 조건을 고려한 에너지 믹스가 필요하다. 또한 태양광 에너지가 이론적으로는 매우 큰 잠재력을 가지고 있지만, 실제 활용을 위해서는 전력망, 저장 기술, 토지 이용, 국제 협력과 같은 추가적인 조건이 함께 갖춰져야 한다.

풍력 에너지는 러시아, 북유럽 일부 지역, 북미의 일부 국가, 남미 남단, 호주, 뉴질랜드 지역들이 연중 바람이 강하고 대기 순환이 활발하여 풍력 발전에 매우 유리한 조건을 갖추고 있다. 특히 고위도 지역이나 대륙의 서쪽 해안, 넓은 평원 지역은 편서풍과 기압 차의 영향을 크게 받아 높은 풍력 에너지 밀도를 보이는 경우가 많다.

반면 동남아시아, 중동 일부, 아프리카 내륙, 동아시아 일부 국가는 지형이 복잡하거나 계절풍의 영향이 제한적이고, 평균 풍속이 낮아 대규모 풍력 발전에 불리한 조건을 가진 경우가 많다. 한국 역시 높은 풍력 에너지 밀도 범위에 속하지는 못한다. 풍력 에너지 역시 태양광과 마찬가지로 지리적 불균형이 매우 크다는 사실이다. 풍력은 기술만으로 어디서나 같게 생산할 수 있는 에너지가 아니라, 바람의 세기와 방향, 지형, 해양 조건에 크게 의존한다. 따라서 풍력 발전의 가능성은 국가별·지역별 자연조건에 따라 크게 달라진다.

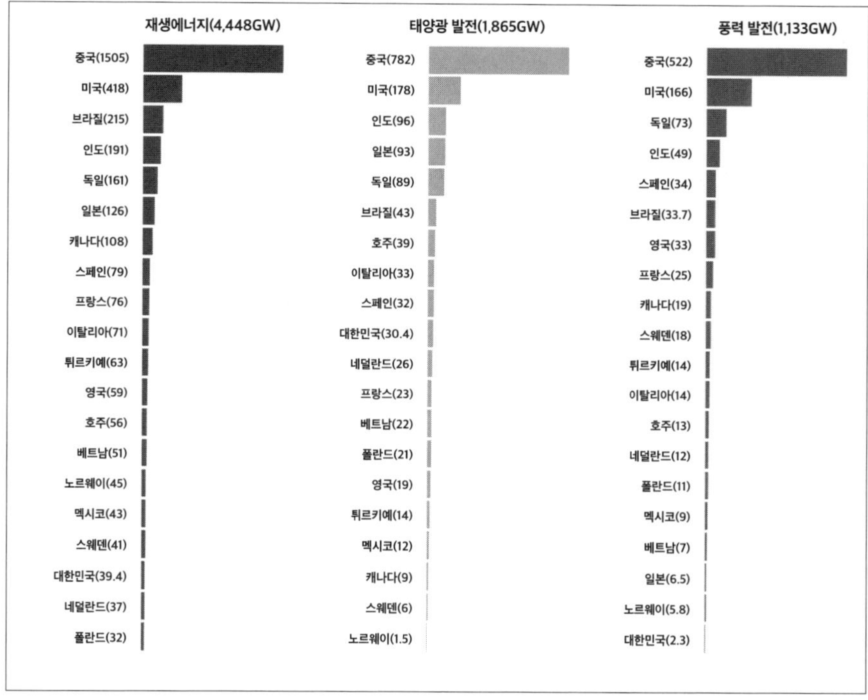

그림 2 · 전 세계 재생에너지, 태양광 발전, 풍력 발전 비중

출처: International Renewable Energy Agency(2024)

자연 에너지의 활용

〈그림 2〉는 2024년까지 전 세계 주요 국가들의 재생에너지 발전 누적 설비 용량을 비교한 자료로, 왼쪽부터 전체 재생에너지, 태양광, 풍력 설비 용량을 각각 보여준다. 이를 최신 국제 통계와

함께 살펴보면, 현재의 에너지 전환이 어떤 방식으로 진행되고 있는지가 보다 분명하게 드러난다.

재생에너지의 총 설비 용량은 4,448GW에 이르며, 그중에서도 태양광이 1,865GW로 가장 큰 비중을 차지하고 있다. 이는 전체 재생에너지의 약 40%를 넘는 규모로, 태양광이 더 이상 보조적인 에너지원이 아니라 재생에너지 확대의 중심축이 되었음을 보여준다. 풍력은 1,133GW로 두 번째를 차지하고 있으며, 수력과 함께 여전히 중요한 역할을 하고 있지만 최근의 성장 속도에서는 태양광이 압도적이다. 특히 2024년 한 해 동안 새로 추가된 재생에너지 설비의 대부분이 태양광에 집중되었다는 점은, 글로벌 전력 시스템의 탈탄소화가 태양광 주도형으로 전개되고 있음을 보여준다.

국가별로 보면 이러한 경향은 더욱 뚜렷하다. 중국은 재생에너지 총량 1,505GW, 태양광 782GW, 풍력 522GW로 모든 부문에서 세계 1위를 차지하고 있으며, 단일 국가로서 전 세계 재생에너지 확대를 주도하고 있다. 특히 태양광 부문에서 중국의 비중은 압도적이며, 최근 신규 설치량의 상당 부분이 중국에서 집중적으로 이루어지고 있다. 미국은 재생에너지와 태양광, 풍력 모두에서 2위를 유지하며 뒤를 잇고 있고, 독일·인도·브라질 등은 각자의 에너지 구조에 맞춰 특정 분야에서 강점을 보인다.

한국의 위치를 보면, 태양광 설비는 30GW 수준으로 세계 10위권에 포함되어 비교적 빠른 보급이 이루어졌음을 알 수 있다. 그러나 풍력 설비는 2GW대에 머물러 있어, 재생에너지 구성에서 태양광에 의존하는 특징이 있다. 이는 입지 제약과 제도적 한계로 인해 풍력, 특히 해상 풍력 확대가 더디게 진행되어 온 현실을 반영한다. 결과적으로 한국의 재생에너지 전환은 양적 확대보다는 에너지 믹스의 불균형이라는 과제를 안고 있다.

아프리카, 중동, 남미 일부 지역은 자연 조건상 태양광 잠재량이 매우 높음에도 불구하고, 실제 설치량에서는 상위권에 거의 등장하지 않는다. 반대로 유럽 일부 국가들은 상대적으로 잠재량이 크지 않음에도 불구하고, 정책적 지원과 자본 투자, 기술 축적을 통해 높은 설치량을 기록하고 있다. 이는 재생에너지 보급이 단순히 자연조건의 문제가 아니라, 정책 선택과 경제적 역량의 문제임을 분명히 보여준다. 즉, 현재의 재생에너지 전환이 태양광을 중심으로 빠르게 진행되고 있으며, 동시에 국가 간 격차가 매우 크다는 사실이다.

2010년부터 2024년까지 연간 재생에너지의 신규 설치량은 전체 흐름을 보면, 지난 15년간 글로벌 재생에너지 확대는 분명히 가속화했으며, 그 중심에는 태양광의 폭발적 성장과 중국의 압도적 주도가 자리하고 있다.

태양광 부문을 살펴보면, 모든 지역에서 장기적으로 증가 추세를 보였다. 2022년 이후 중국의 성장 곡선은 사실상 수직 상승에 가까운 형태를 보이며, 2024년에는 연간 신규 설치량이 약 250GW를 크게 상회한 것으로 해석된다. 이는 단순히 1위라는 의미를 넘어, 다른 모든 비교 대상 국가의 설치량을 합친 것보다도 큰 규모로, 글로벌 태양광 시장의 무게중심이 중국으로 이동했음을 명확히 보여준다. 이러한 결과는 대규모 내수 시장, 강력한 산업 정책, 공급망 통합이라는 구조적 요인이 장기간 누적된 산물이라 할 수 있다.

유럽과 미국 역시 태양광 설치량이 꾸준히 증가했다. 유럽은 안정적인 정책 기반을 바탕으로 점진적인 확대를 이어가고 있으며, 미국 또한 2020년 이후 성장세를 유지하고 있다. 다만 두 지역 모두 증가 속도는 중국에 비해 완만하며, 글로벌 태양광 시장에서 차지하는 비중 역시 상대적으로 제한적이다. 인도는 완만한 상승세를 보이고 있으나, 아직 대규모 전환 국면에 진입했다고 보기는 어렵다. 한국의 경우 태양광 신규 설치량이 장기간 정체 상태에 머물러 있어, 글로벌 확산 흐름과 뚜렷한 대비를 이룬다.

풍력 에너지의 장기간 설치 추세는 태양광과 다른 특징이 나타난다. 전체적으로 변동성이 크고, 특정 연도에 설치가 집중되는 경향이 뚜렷하다. 중국은 2020년에 약 70GW 수준의 기록적인 설치량을 보였는데, 이는 보조금 제도 변화에 앞선 선제적 설치가 반영된 결과로 추정할 수 있다. 이후 일시적인 감소를 거쳤으나, 2024년에는 다시 약 80GW 수준으로 반등하며 풍력 시장에서도 확고한 1위를 유지하고 있다.

유럽은 풍력 분야에서 비교적 안정적인 설치 흐름을 보이며, 2020년 이후에는 미국을 앞서는 수준을 유지하고 있다. 반면 미국은 2020년을 정점으로 신규 설치량이 점진적으로 감소하는 추세를 보이는데, 이는 인허가 지연, 금융 여건 악화, 공급망 문제 등이 복합적으로 작용한 결과로 해석된다. 한국은 풍력에서도 연

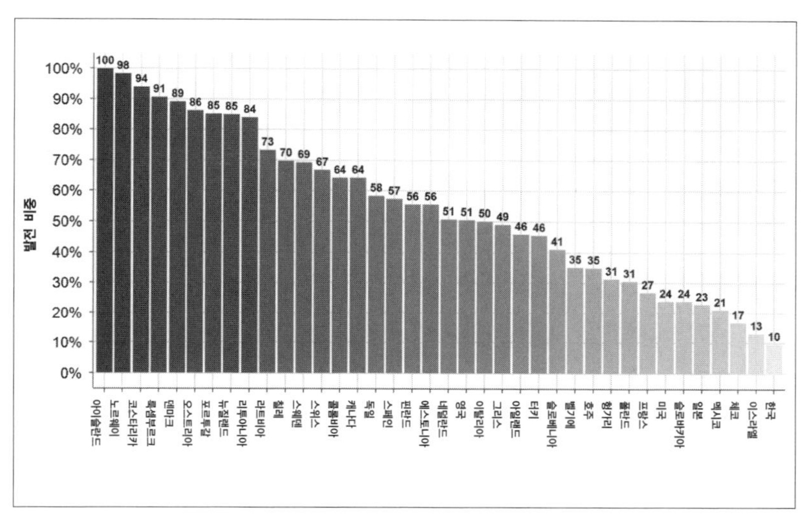

그림 3 · OECD 국가의 재생에너지 발전 비중

출처: Our World in Data(Energy Data)

간 설치량이 매우 미미한 수준에 머물러 있어, 해상 풍력 잠재력과 실제 보급 사이의 괴리가 매우 크다는 점이 드러나고 있다.

태양광과 풍력을 비교하면, 최근 글로벌 재생에너지 확대는 명확히 태양광 주도형 구조를 띠고 있다. 연간 신규 설치 규모만 보더라도 태양광은 200GW를 훌쩍 넘지만, 풍력은 최대치가 80GW 수준에 머문다. 이는 태양광이 비용 하락 속도가 빠르고, 설치 유연성이 높으며, 정책 효과가 단기간에 반영되기 쉬운 전원이라는 특성 때문으로 볼 수 있다.

한국은 기술 역량과는 별개로 제도적 장벽과 사회적 수용성 문제로 인해 에너지 전환 속도가 크게 뒤처지고 있으며, 이는 향후 RE100 대응과 탄소 중립 목표 달성 과정에서 중요한 과제로 작용할 가능성이 크다.

OECD 국가 중 재생에너지 발전 비중이 매우 높은 선도 국가들의 특징이 뚜렷하게 드러난다. 아이슬란드는 발전량의 100%를 재생에너지로 충당하고 있으며, 사실상 전력 부문에서 완전한 재생에너지 체계를 구축한 것으로 보인다. 이는 지열과 수력이라는 풍부한 자연 자원을 안정적으로 활용한 결과로 해석할 수 있다. 노르웨이와 코스타리카 역시 약 99% 수준의 재생에너지 비중을 기록하고 있는데, 대규모 수력 발전을 중심으로 전력 시스템이 운영되고 있음을 보여준다. 뉴질랜드, 오스트리아, 스위스도 80% 안팎의 높은 비중을 보이며, 산악 지형과 풍부한 수자원을 기반으로 한 수력 발전의 역할이 크다는 점이 확인된다.

다음으로, 중간 수준의 재생에너지 비중을 보이는 국가들은 전환이 상당 부분 진행되었으나 여전히 혼합적인 에너지 구조를 유지하고 있는 것으로 나타난다. 스웨덴, 덴마크, 포르투갈 등 유럽 국가들은 수력뿐만 아니라 풍력과 태양광 발전을 함께 확대하면서 60% 내외의 재생에너지 비중을 달성하고 있다. 독일은 약 57% 수준으로, 재생에너지 확대 정책의 성과가 나타나고 있으나 산업 규모와 전력 수요가 높은 만큼 화석 연료의 비중이 완전히 사라지지 않은 상태임을 보여준다. 북미 지역에서는 캐나다가 수력 발전 비중 덕분에 비교적 높은 순위에 위치하지만, 미국은 약 20%대에 머물러 있어 에너지 전환 속도가 상대적으로 더딘 편임이 드러난다.

　재생에너지 발전 비중이 낮은 하위권 국가들의 현실도 분명히 나타난다. 한국은 약 10%로 조사 대상 국가 중 가장 낮은 수치를 기록하고 있다. 이는 수력 자원이 제한적인 지리적 여건과 함께, 화석 연료 및 원자력 중심의 기존 전력 구조에 대한 의존도가 여전히 높다는 점을 보여준다. 이스라엘, 체코 역시 20% 미만의 비중을 보이며, 에너지 자립도나 재생에너지 확대 여건에서 구조적인 한계를 지닌 것으로 보인다. 특히 한국의 경우, 재생에너지 확대의 필요성은 꾸준히 제기되고 있으나 실제 발전 비중에서는 아직 뚜렷한 성과가 나타나지 않고 있음을 시사한다.

　80% 이상 국가들과 30% 미만 국가들 사이의 간극이 매우 크게 나타나며, OECD 국가 내부에서도 에너지 전환이 균등하게 이루어지고 있지 않다는 점을 분명히 보여준다.

무탄소 전기

주요국 재생에너지 발전 비중 추이 그림에서 아이슬란드와 노르웨이는 전 기간에 걸쳐 재생에너지 발전 비중이 거의 100%에 근접한 수준을 유지하고 있다. 아이슬란드는 지열과 수력을 기반으로 매우 안정적인 재생에너지 체계를 형성하고 있으며, 연도별 변동이 거의 나타나지 않는다. 노르웨이 역시 수력 발전 중심의 구조를 바탕으로 높은 비중을 장기간 유지하고 있어, 구조적으로 이미 전환이 완료된 국가에 가깝다고 볼 수 있다.

브라질과 뉴질랜드, 콜롬비아는 재생에너지 비중이 전반적으로 매우 높은 편이지만, 연도별로 비교적 큰 변동성을 보인다. 이들 국가는 수력 발전 의존도가 높아 강수량과 기후 조건에 따라 발전 비중이 출렁이는 특성이 나타난다. 특히 브라질과 콜롬비아는

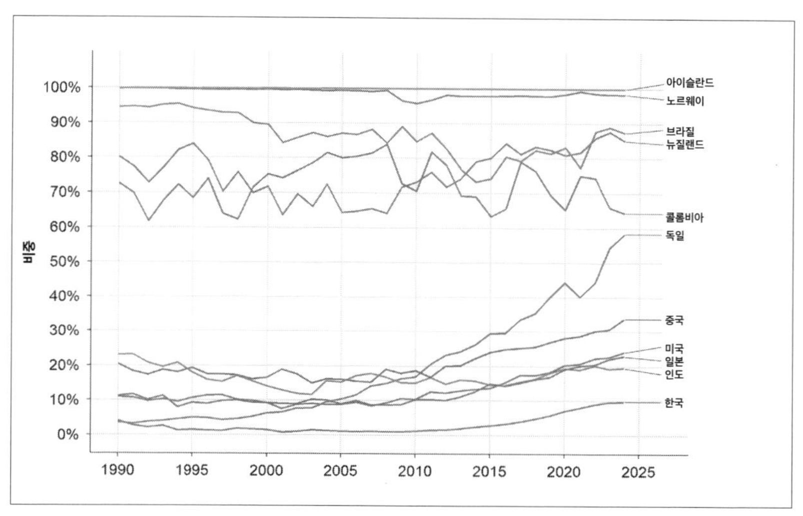

그림 4 · 주요 국가의 재생에너지 발전 추이

출처: Our World in Data(Energy Data)

70-90% 사이에서 등락을 반복하며, 재생에너지 비중은 높지만, 자연환경에 민감한 구조임이 드러난다.

반면 독일은 가장 뚜렷한 상승 추세를 보이는 국가로 나타난다. 1990년대에는 재생에너지 발전 비중이 매우 낮은 수준에 머물러 있었으나, 2000년대 이후 빠르게 증가하기 시작했고 2010년대 이후에는 상승 속도가 더 가팔라졌다. 이는 정책 주도의 에너지 전환이 장기적으로 전력 구조를 크게 변화시킬 수 있음을 보여주는 대표적인 사례로 보인다.

중국은 완만하지만, 지속적인 증가 흐름을 보인다. 재생에너지 비중은 2000년대 초반까지 낮은 수준이었으나, 이후 꾸준히 상승하며 최근에는 30%를 넘는 수준에 도달하고 있다. 세계 최대 전력 소비국이라는 점을 고려하면, 점진적이지만 구조적인 전환이 진행 중임을 보여준다고 해석할 수 있다.

미국, 일본, 인도는 상대적으로 낮은 수준에서 서서히 증가하는 모습이 나타난다. 이들 국가는 오랜 기간 10% 내외의 재생에너지 비중을 유지해 왔으나, 2010년대 이후 상승 추세가 더 분명해지고 있다. 다만 상승 폭은 독일이나 브라질 등에 비해 완만하며, 기존 화석 연료 및 원자력 중심의 전력 구조가 여전히 강하게 작용하고 있는 것으로 보인다.

한국은 가장 낮은 재생에너지 발전 비중을 보이는 국가 중 하나로 나타난다. 2000년대까지는 거의 변화가 없는 수준이었으나, 2010년대 중반 이후 점진적인 증가 흐름이 관찰된다. 최근 들어 상승 속도가 다소 가팔라지고 있지만, 여전히 다른 국가들과의 격차는 크게 유지되고 있는 상황으로 보인다.

일자리 효과

재생에너지 설치량과 일자리 사이의 관계는 단순한 비례 관계라기보다 국가별 산업 구조와 에너지원 구성으로 크게 좌우되는 구조적 관계임이 분명하게 드러난다. 상위 20개국 전체를 보면 재생에너지 설치 규모가 큰 국가일수록 재생에너지 관련 일자리의

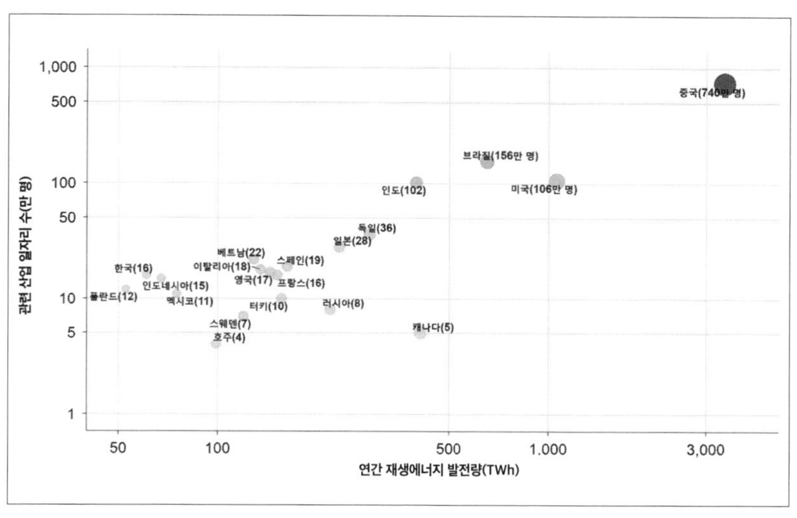

그림 5 · 재생에너지와 일자리

출처: Our World in Data & IRENA 2024

절대 규모도 커지는 경향은 존재하지만, 그 증가 폭과 고용 효과는 국가마다 크게 다르다.

중국은 발전량과 일자리 모두에서 압도적이다. 이는 재생에너지 확대가 단순한 전력 생산을 넘어, 제조·설치·운영 전반을 포괄하는 거대한 고용 산업으로 작동하고 있다는 기존 분석과 정확히 일치한다.

미국은 발전량이 매우 큰 국가임에도 불구하고, 일자리 규모는 중국에 비해 현저히 낮다. 이는 미국의 재생에너지 전환이 자동화와 고효율 기술 중심으로 이루어지며, 제조 부문이 글로벌 공급망에 분산되어 있어 발전량 대비 고용 밀도가 낮다.

브라질과 인도는 발전량이 미국보다 적음에도 불구하고, 일자리 수에서는 비슷한 수준이다. 특히 브라질은 바이오 에너지 중심의 재생에너지 구조가 농업과 지역 노동 시장과 직접 연결되며 고용 효과를 크게 만든다. 인도와 브라질 역시 설치량 대비 높은 일자리 규모를 보이는데, 이는 태양광·풍력의 노동 집약적 설치 과정과 함께 바이오 에너지 산업이 농업과 지역 경제에 깊이 연결되어 있기 때문이다.

반면 캐나다, 독일, 일본과 같은 선진국들은 재생에너지 설치량이 매우 크지만, 일자리 증가 효과는 상대적으로 제한적으로 나타난다. 이들 국가는 재생에너지 산업 전반에서 자동화와 고효율 기술이 널리 활용되고 있으며, 설비 제조 부문이 해외 공급망에 의존하는 비중도 높다. 그 결과 재생에너지 확대가 전력 생산 구조의 변화로는 이어지지만, 고용 측면에서는 상대적으로 낮은 밀도를 보이는 기술·자본 집약적 전환 양상을 띤다.

에너지원별 특성 역시 일자리 창출 효과에 큰 영향을 미친다. 바이오 에너지는 연료 생산과 공급 과정에서 지속적인 노동 투입이 필요해 고용 유발 효과가 크지만, 태양광과 풍력은 기술 수준과 제조 위치에 따라 일자리 효과가 크게 달라진다. 같은 설비 용량이라 하더라도 제조와 설치가 국내에서 이루어지는 국가에서는 고용 효과가 크고, 설비 수입과 자동화 비중이 높은 국가에서는 고용 효과가 제한적으로 나타난다.

재생에너지 확대는 기후위기 대응과 에너지 자립을 넘어, 고용 창출이라는 강력한 경제적 동력을 제공한다. 국제재생에너지기구(IRENA)의 통계에 따르면, 전 세계 재생에너지 분야 고용 인원은 2012년 약 850만 명 수준에서 매년 꾸준히 증가해 왔다. 특히 2022년 약 1,270만 명을 기록한 데 이어 2023년에는 약 1,370만 명에 이르렀는데, 이는 재생에너지 산업이 이제 글로벌 고용 시장의 명확한 한 축으로 자리 잡았음을 보여준다.

에너지원별로 살펴보면 태양광 발전 분야가 약 490만 명으로 전체 재생에너지 고용의 절반에 가까운 비중을 차지한다. 태양광 산업은 패널 제조와 연구개발뿐만 아니라 설계, 설치, 유지 보수 등 전 단계에 걸쳐 노동력을 광범위하게 흡수한다. 이러한 특성 덕분에 태양광은 선진국과 개발도상국을 가리지 않고 지역 사회의 핵심적인 일자리 공급원 역할을 수행하고 있다.

이어서 바이오 에너지와 수력 발전 역시 연료 공급망과 시설 관리 과정에서 안정적인 일자리를 제공하고 있으며, 풍력과 태양열 분야에서도 전문 인력 수요가 지속적으로 확대되는 추세다.

국내 연구 결과 또한 이러한 흐름을 뒷받침한다. 한국에너지경제연구원(KEEI)의 분석에 따르면, 2020년 기준 태양광 산업의 생산유발계수는 약 2.27로 나타났다. 여기서 생산유발계수란 특정 산업에 1만큼의 투자가 이루어졌을 때 우리 경제 전체에 얼마나 많은 생산 활동을 연쇄적으로 일으키는지를 보여주는 지표다. 태양광의 생산유발계수가 2.27이라는 것은, 태양광 산업에 1억 원을 투자하면 연관된 다른 산업들까지 포함해 총 2억 2,700만 원어치의 경제적 활력이 생겨난다는 의미다. 이는 태양광 산업이 내수 경기를 부양하고 지역 경제를 활성화하는 힘이 매우 강력하다는 것을 증명한다.

다만, 화석 연료 기반 산업의 고용 감소는 구조적으로 피할 수 없는 과제다. 따라서 단순한 산업의 전환을 넘어, 기존 화석 연료 산업 종사자들이 새로운 저탄소 산업으로 원활하게 이동할 수 있도록 맞춤형 직업 재교육과 사회적 안전망을 제공해야 한다.

재생에너지로의 이행이 가져오는 경제적 파급 효과와 고용 구조 변화의 대표적인 사례는 독일의 루르(Ruhr) 지방이다. 과거 유럽 최대의 석탄 및 철강 산업 지대였던 이곳은 1960년대부터 장기적인 구조조정을 단행했다. 독일 정부는 단순히 폐광을 결정하는 것에 그치지 않고, 광부들이 환경 엔지니어나 기계 관리자로 전업할 수 있도록 강력한 국가 주도 직업 재교육을 시행했다. 그 결과, 과거 50만 명에 달하던 탄광 일자리는 사라졌지만, 그 자리를 1,000여 개의 환경 기술 기업이 채우며 현재 약 10만 명 이상의 신규 고용을 유지하는 그린 허브로 재탄생했다.

미국의 조지타운(Georgetown) 사례도 재생에너지가 가진 경제적 효율성이 어떻게 지역 경제를 활성화하는지 잘 보여준다. 텍사스주의 조지타운은 저렴하고 안정적인 에너지 비용을 확보하기 위해 2018년 재생에너지 100% 전환을 달성했다. 이는 재생에너지 산업의 높은 생산유발계수를 지역 경제에 직접 적용한 사례로 평가받는다. 저렴한 전력 공급이 보장되자 대규모 데이터 센터와 첨단 제조 기업들이 지역으로 유입되었고, 이는 에너지 시설 운영을 넘어선 수천 명 규모의 연쇄적인 고용 창출로 이어졌다.

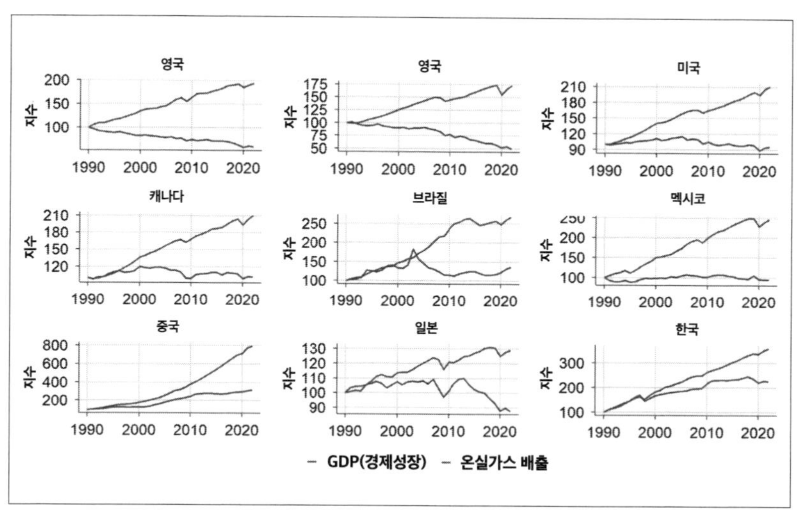

그림 6 · 경제성장과 온실가스

출처: Our World in Data(OWID) CO2 & GHG Dataset / GDP: World Bank 기반

국내에서는 충남 보령과 당진의 사례가 있다. 2020년 보령화력 1·2호기가 조기 폐쇄되면서 지역 경제 위기에 대한 우려가 컸으나, 충청남도는 이를 수소 및 해상 풍력 산업으로의 체질 개선 기회로 삼았다. 약 5조 원이 투입되는 세계 최대 규모의 블루수소 생산 플랜트 건설을 통해 연인원 2만 명 이상의 건설 일자리를 만들었으며, 전국 최초로 정의로운 전환 기금을 조성해 발전소 퇴직 노동자들에게 맞춤형 재취업 훈련과 심리 상담을 제공하고 있다.

주요 국가들의 경제 성장과 온실가스 배출의 장기적 관계를 비교함으로써, 국가별 탈동조화 수준이 어떻게 다르게 나타나는지를 보여준다. 또한 경제 성장과 배출량을 모두 지수화했다. 모든 국가의 1990년 수치를 100으로 맞췄기 때문에, 어떤 국가의 경제가 더 많이 성장했는지, 그리고 어떤 국가가 탄소 배출을 더 효율적으로 통제했는지를 절대 수치와 상관없이 비율로 즉시 비교할 수 있다. 예를 들면, GDP에 대한 지수가 100에서 시작해 현재 250이 되었다면, 계산할 필요도 없이 1990년 대비 150% 성장했다고 평가할 수 있다. 만약 온실가스 지수가 80이 되었다면 배출량은 20% 줄었다고 해석할 수 있다.

독일, 영국, 미국, 일본 등의 선진국에서는 경제가 꾸준히 성장하지만 온실가스 배출량은 지속적으로 감소하는 절대적 탈동조화 현상이 뚜렷하게 관찰된다. 독일과 영국은 1990년 대비 GDP는 크게 상승했으나 온실가스 배출량은 가장 극적으로 하락하며 두 지표가 완전한 반대 방향으로 멀어진다. 미국은 2000년대 중반 이후 배출량이 정점을 찍고 완만하게 하강하며 경제 성장과의 연결 고리가 약화하는 양상을 보인다. 일본은 2010년대 이후 배출량 감소 폭이 더 가팔라지며 효율적인 저탄소 경제로의 전환을 입증한다.

한국과 캐나다는 경제 성장을 지속하면서도 온실가스 배출량을 정체시키거나 미세하게 감소시키는 단계에 있다. 한국은 1990년 이후 GDP가 가파르게 상승한 국가 중 하나로, 배출량 또한 긴밀하게 동조하며 상승해 왔으나 최근 2010년대 후반부터 배출 곡선이 평탄해지며 정점(Peak) 구간에 머물고 있다. 캐나다는 GDP 상승 폭에 비해 배출량의 증가가 매우 억제되어 있으며, 최근에는 1990년 수준에 근접할 정도로 배출량을 관리하며 경제 성장과 배출의 탈동조화를 시도하고 있다.

중국, 인도, 멕시코, 브라질 등 신흥국은 여전히 경제 성장과 배출량 증가가 비례하는 경향을 보이지만, 그 효율성 면에서 차이가 나타난다. 중국은 GDP 지수가 800에 육박할 정도로 폭발적인 성장을 기록하는 가운데, 배출량 또한 증가하고 있으나 그 상승 기울기가 GDP 성장 속도에는 미치지 못하는 상대적 탈동조화의 징후를 보인다. 브라질과 멕시코는 경제 성장보다 배출량의 변동 폭이 크거나 정체되어 있으며, 특정 시점 이후 배출량이 GDP 성장 곡선보다 훨씬 아래에 머무는 양상을 띠며 저탄소 성장의 가능성을 보여준다.

제 4 장

문명의 전환

재생에너지 투자

전 세계적으로 재생에너지는 태양광과 풍력 발전으로 급격히 증가하고 있다. IRENA 보고서에 따르면, 2015년 총 재생에너지 설치량은 1,851GW였으며, 2024년에는 4,448GW로 증가했다. 에너지공단에 따르면, 2024년 한 해 동안 585GW의 재생에너지가 신규로 설치되었다. IRENA는 28차 당사국총회(COP28)의 합의에 따라 2030년까지 재생에너지를 3배 확대해야 한다는 목표를 이루기 위해서는 2025년부터 2030년까지 연간 약 1,040GW 이상의 설치가 필요하다고 분석했다. 실제로 전력 분야에서도 재생에너지 분야에 대한 투자가 확대되고 있으며, 전력 분야에서 재생에너지의 비중도 확대되고 있다.

글로벌 전력 투자 그림은 1990년부터 2022년까지 화석 연료 중

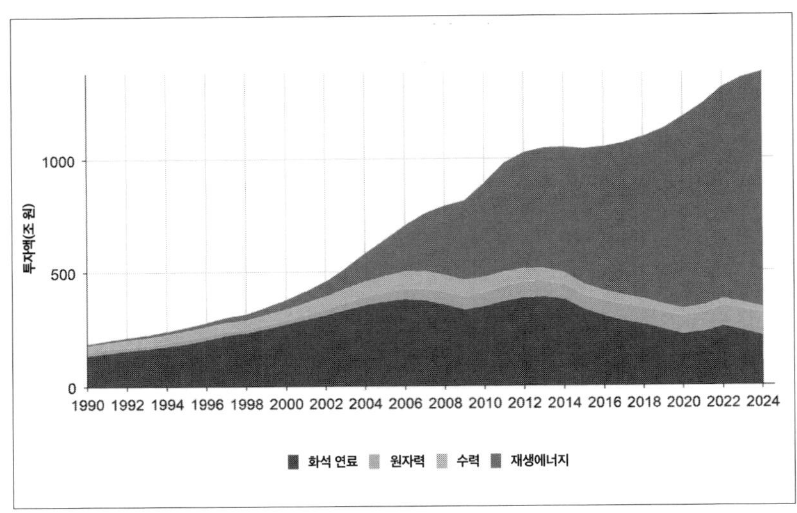

그림 1 · 글로벌 전력 투자

출처: IEA(International Energy Agency), World Energy Investment 2024

심 구조가 점차 약화하고 재생에너지 중심 구조로 이동하는 흐름을 나타내고 있다. 즉, 실제로 재생에너지 분야의 성장을 이끌기 위한 투자가 증가하는 것을 보여주고 있다. 1990년대부터 2000년대 초반까지 전력 부문 투자는 화석 연료가 압도적인 비중을 차지한다. 이 시기에는 석탄과 가스를 중심으로 한 기존 발전 설비 확충이 전력 수요 증가에 대응하는 주요 수단이었다고 볼 수 있다. 수력과 원자력 투자는 일정 수준을 유지하지만, 전체 투자 구조를 변화시킬 만큼 확대되지는 않는다.

2000년대 중반 이후에는 투자 구조의 변화가 본격적으로 시작된다. 재생에너지 투자가 빠르게 증가하며 전력 부문 전체 투자 규모를 끌어올리는 역할을 한다. 특히 2010년을 전후로 재생에너지 투자가 가파르게 상승하면서, 화석 연료 투자와의 격차가 줄어든다. 이는 태양광과 풍력 기술의 비용 하락과 정책적 지원 확대가 동시에 작용한 결과이다.

2010년대 중반 이후에는 전환의 방향성이 더욱 분명해진다. 화석 연료 투자는 정점을 지난 뒤 감소하는 반면, 재생에너지 투자는 지속적으로 확대되어 전력 부문 투자에서 가장 큰 비중을 차지한다. 이 시기에는 전력 투자 증가분의 많은 부분이 재생에너지로 흡수되는 구조가 형성된다. 수력과 원자력 투자는 상대적으로 안정적인 수준을 유지하거나 완만한 변화를 보인다.

2020년대에 들어서면서 이러한 경향은 더 강화된다. 재생에너지 투자는 화석 연료 투자를 크게 상회하며, 전력 부문 투자 구조의 중심이 명확히 이동했음을 보여준다. 이는 전력 생산 부문의 탈탄소화가 정책적 목표를 넘어 실제 자본 흐름의 변화로 이어지고 있음을 의미한다. 동시에 화석 연료 투자가 완전히 사라지지 않았다는 점에서, 에너지 전환이 점진적인 구조 재편 과정임을 보여준다.

독일과 영국은 유럽 국가 가운데 가장 급진적인 전력 구조 전환을 이룬 사례로 볼 수 있다. 독일은 1990년대 약 70%에 달하던 화력 발전 비중이 장기적으로 꾸준히 감소하는 흐름을 보인다. 반면 재생에너지 비중은 지속적으로 상승하여, 2020년 전후로 두 비중이 역전되는, 이른바 골든 크로스가 나타난다. 2023년 기준

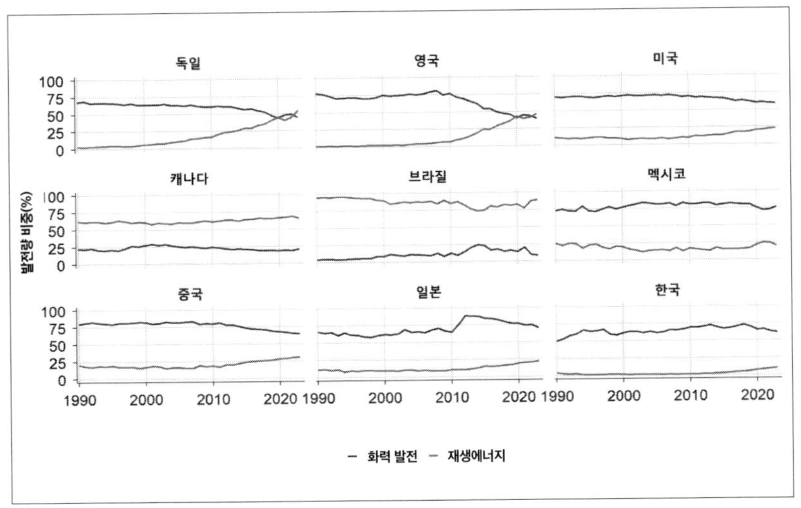

그림 2 · 재생에너지와 화력 발전 비중

출처: Our World in Data(Ember/Energy Data)

으로는 재생에너지 비중이 화력 발전을 앞서며, 전력 체계의 중심이 명확히 재생에너지로 이동했음을 보여준다. 영국 역시 2010년까지는 화력 발전 비중이 75% 이상으로 매우 높게 유지되었으나, 석탄 발전 중단과 강력한 기후 정책 시행 이후 화력 비중이 급격히 하락한다. 동시에 재생에너지 비중이 빠르게 상승하여 현재는 재생에너지가 가장 중요한 전력 에너지원으로 자리 잡고 있다.

미주 대륙 국가들은 자원 조건에 따라 서로 다른 전력 구조를 형성하고 있다. 캐나다와 브라질은 풍부한 수력 자원을 기반으로 이미 1990년대부터 재생에너지 비중이 화력 발전을 크게 상회하는 구조를 유지해 왔다. 특히 브라질은 재생에너지 비중을 80% 이상으로 안정적으로 유지하고 있어, 전통적인 의미에서의 에너지 전환 선진국으로 평가할 수 있다. 미국은 셰일가스 혁명으로 인해 화력 발전, 특히 천연가스 비중이 견고하게 유지됐으나, 2010년대 이후 재생에너지 비중이 본격적으로 증가하면서 화력 비중이 완만하게 감소하는 흐름이 나타난다. 멕시코는 화력 발전 비중이 70-80%대에서 장기간 유지되며, 재생에너지로의 전환 속도가 상대적으로 느린 국가로 보인다.

아시아 주요 국가들은 전환 속도가 상대적으로 느리거나 점진적인 특징을 보인다. 한국은 1990년대 이후 화력 발전 비중이 오히려 상승하거나 60-70%대에서 장기간 정체되는 모습이 나타난다. 재생에너지 비중은 최근 들어 서서히 증가하고 있으나, 분석 대상 국가 가운데 가장 낮은 수준인 약 10% 내외에 머물러 있다. 이는 전력 구조가 여전히 화력 발전에 크게 의존하고 있음을 보여준다. 일본은 2011년 후쿠시마 원전 사고 이후 원자력 발전이 급감하면서 화력 발전 비중이 급격히 증가한 특징을 보인다. 이후 최근에는 화력 비중이 점차 낮아지는 흐름이 나타나고 있으며, 재생에너지 비중은 2010년대 이후 완만한 상승세를 보인다. 중국은 전력 수요가 급증하면서 화력 발전의 절대 규모는 매우 크지만, 비중 자체는 2000년대 중반 이후 점진적으로 하락하는 추세를 보인다. 동시에 재생에너지 비중은 2010년 이후 빠르게 증가하여 30% 수준을 넘었다.

가격 경쟁력

재생에너지 확산의 가장 강력한 원인은 발전 단가의 하락, 즉 LCOE(Levelized Cost of Electricity)의 급감이다. LCOE는 발전소의 설계, 건설, 운영, 유지 보수, 연료비, 폐기 비용 등 전 주기 총비용을 발전량으로 나눈 값이다. 이는 서로 다른 발전원 간 경제성을 비교하는 가장 대표적인 지표이며, 단위 전력 생산에 들어가는 실질적인 비용을 의미한다.

지난 14년간 전 세계의 평균 에너지 발전 단가는 재생에너지가 단순한 환경 대안이 아니라, 가장 경제적인 전력 생산 수단으로 자리 잡았음을 명확히 보여준다.

태양광 발전은 과거에 설치 비용이 많이 들고 생산 단가도 비싸 보조금 없이는 시장 진입이 어려운 에너지로 분류되었다. 하지만 기술 개발과 대량 생산 체계의 확산, 공급망 경쟁에 따라 단가가 급속도로 하락했다. 태양광 발전 단가는 대량 생산 체계 구축, 태양 전지 효율 개선, 설치 기술 고도화로 지난 14년 동안 약 89% 하락했고, 모든 에너지원 가운데 가장 큰 폭으로 가격이 줄어들었다.

육상 풍력 발전 단가도 같은 기간 89달러에서 33달러로 하락했다. 해상 풍력 역시 162달러에서 78달러로 절반 아래로 감소했다. 이는 풍력 터빈 대형화와 기자재 표준화, 운영 효율 개선이 누적된 결과이다.

반면 화석 연료 발전은 정반대의 흐름을 보인다. 석탄 발전 단가는 75달러에서 85달러로 상승했다. 가스 발전 단가는 60달러에서 95달러로 크게 상승했다. 이는 연료비 변동성, 국제 에너지 가격 상승, 탄소 배출 비용 반영이 복합적으로 작용한 결과이다.

이에 따라 과거 가장 저렴했던 화석 연료 발전은 더 이상 가격 경쟁력을 유지하지 못하고 있다. 현재는 재생에너지가 가장 저렴한 전력 생산 방식으로 전환되었다고 평가할 수 있다.

국가별로 자원 조건, 산업 구조, 정책 환경, 전력 시장 제도의 차이 따라 발전 단가가 크게 달라지고 있다. 중국은 세계에서 가장 낮은 재생에너지 발전 단가를 기록하고 있다. 글로벌 공급망을 장악한 제조 경쟁력과 대규모 내수 시장을 바탕으로 한 규모의 경제 효과로 태양광 발전 단가는 31달러, 육상 풍력은 29달러 수준이다.

브라질 역시 매우 낮은 육상 풍력 발전 단가를 기록하고 있다. 30달러 수준의 비용 구조는 풍부한 풍력 자원과 안정적인 전력

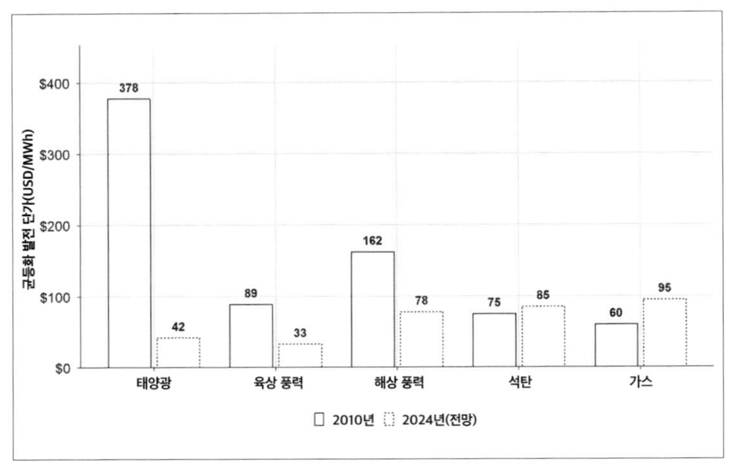

그림 3 · 에너지에 따른 발전 단가

출처: IRENA, BNEF 기반 재구성

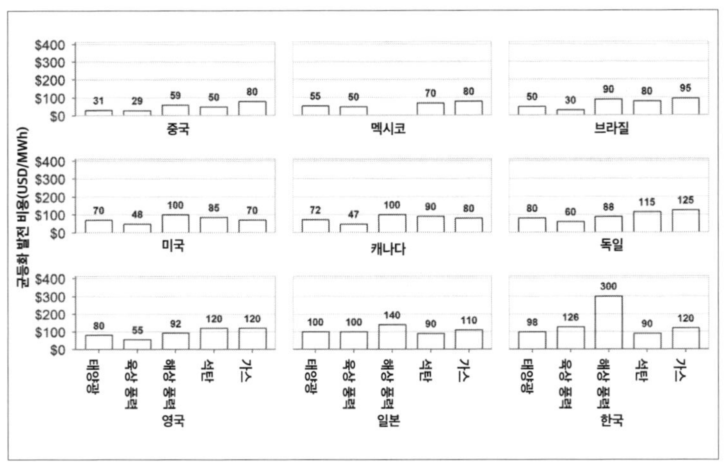

그림 4 · 국가별 에너지 발전 단가

출처: IRENA & BNEF 2024 Analysis

시장 제도가 결합한 결과이다. 이에 따라 브라질은 재생에너지 중심 전력 체계 구축이 경제적으로 매우 유리한 국가이다.

멕시코 또한 태양광과 풍력의 발전 단가가 상대적으로 낮은 국가에 속한다. 이는 일사량이 풍부한 지리적 조건과 민간 투자 유입 확대의 영향이다.

반면 한국과 일본은 높은 발전 단가 구조를 보인다. 특히 한국의 해상 풍력 발전 단가는 300달러로 좁은 해역 입지, 복잡한 인허가 절차, 초기 시장 단계의 불안정성이 반영되어서 주요 국가 가운데 가장 높은 수준이다. 한국의 태양광 발전 단가 역시 98달러 수준으로 중국의 세 배 이상에 해당한다. 이는 토지 비용, 주민 수용성 문제, 계통 연계 비용 등이 누적된 결과이다. 일본 역시 태양광과 풍력의 발전 단가가 높은 편이다. 이는 제한된 국토, 복잡한 규제 체계, 높은 건설 비용이 주요 원인이다.

독일, 영국, 미국, 캐나다와 같은 유럽 및 북미 국가들은 화석 연료 발전 단가가 100달러를 상회하는 경우가 많다. 이들 국가는 이미 재생에너지가 화석 연료와 동등하거나 더 저렴한 그리드 패리티 구간에 안정적으로 진입해 있다.

종합하면 전 세계적으로 재생에너지는 이미 화석 연료보다 저렴한 에너지원으로 전환되었음을 확인할 수 있다. 그러나 국가별 여건에 따라 전환 속도와 비용 구조에는 큰 차이가 존재한다. 이제 재생에너지는 이미 가장 경제적인 에너지원으로 인식되고 있으며, 이를 어떻게 효율적으로 도입하고 정책을 운용하느냐가 국가 경쟁력을 결정하는 핵심 요소라 할 수 있다.

자연 에너지 활성화 정책

재생에너지의 급속한 확산은 가격 경쟁력에 기반하고 있다. 그러나 그 출발점과 초기 확산은 정부의 정책적 개입과 제도적 뒷받침이 핵심적인 역할을 한다. 특히 발전차액지원제도(FIT)는 전 세계적으로 재생에너지 확대를 유도하는 데 가장 널리 활용된 정책 수단이다.

발전차액지원제도는 정부가 일정 기간 고정된 가격으로 재생에너지 전기를 매입해 주는 제도이다. 이 제도는 재생에너지 생산자에게 안정적인 수익을 보장한다. 이에 따라 재생에너지의 초기 진입 장벽이 낮아진다. 또한 민간 투자자들의 참여가 확대된다. 그 결과 태양광과 풍력 설비의 보급이 빠르게 확대된다.

독일은 발전차액지원제도를 가장 적극적으로 도입한 국가 중

하나이다. 독일은 2000년 재생에너지법(EEG)을 제정하여 발전차액지원을 제도화했다. 이 제도는 재생에너지 전력을 장기간 고정 가격으로 매입하는 방식이다. 이에 따라 민간 투자자의 수익 안정성이 확보되었다. 그 결과 2000년대 이후 독일의 재생에너지 설비는 급격히 확대되었다.

독일의 태양광 산업은 2000년 기준 누적 설치 용량이 약 0.1GW에 불과한 태동기 단계였다. 그러나 발전차액지원제도를 기반으로 시장이 빠르게 성장했다. 2016년에는 누적 설치 용량이 약 40.7GW까지 증가했다. 이 시점은 독일이 세계적인 태양광 발전 국가로 도약한 전환기이다. 이후 에너지 안보 강화 정책과 재생에너지 확대 전략이 결합하면서 태양광 설비는 지속적으로 증가했다. 2023년 기준 독일의 태양광 누적 설치 용량은 약 81.7GW 수준까지 확대되었다.

그러나 발전차액지원금 규모가 확대되면서 시민이 부담해야 하는 신재생에너지 분담금도 함께 증가했다. 이에 따라 전기요금 부담이 가중되었다. 이에 따라 독일 정부는 기존의 고정 가격 지원 방식에서 시장 경쟁 방식으로 정책 전환을 추진했다.

독일은 2015년부터 일부 태양광 분야를 대상으로 경쟁 입찰을 시범 도입했다. 이후 2017년 개정된 재생에너지법(EEG 2017)을 통해 경쟁 입찰 제도를 본격적으로 정착시켰다. 경쟁 입찰 제도는 발전 사업자가 전력 판매 단가를 입찰 경쟁을 통해 제시하는 방식이다. 이 제도는 시장 기반의 가격 형성을 유도한다. 또한 발전 단가를 낮추고 경쟁력을 갖춘 사업자가 시장에 진입하도록 유도한다.

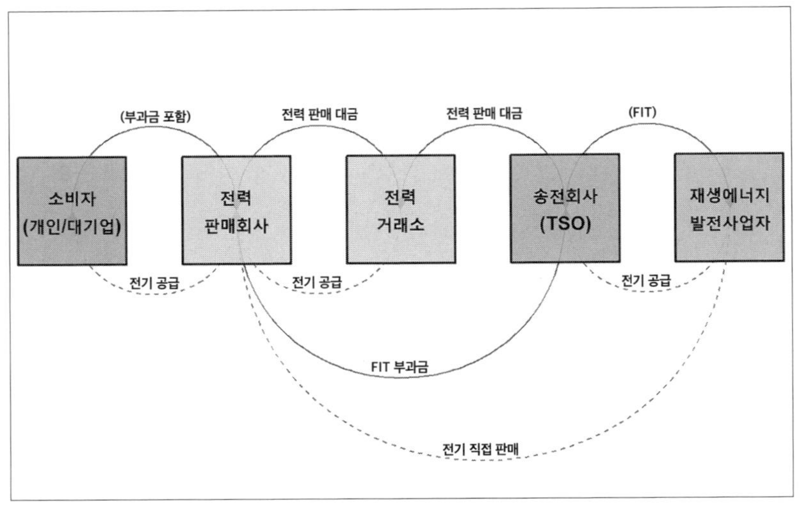

그림 5 · 독일의 발전차액지원제도

출처: BMWK(2024)

경매 제도 도입 이후 태양광 발전 지원 단가는 지속해서 하락했다. 고정 가격 중심이던 2014년에는 태양광 지원 단가가 약 6.24유로센트/kWh 수준이었다. 그러나 경쟁 입찰이 정착된 이후인 2020년에는 평균 낙찰 단가가 약 5유로센트/kWh 수준까지 하락했다. 독일 정부는 시민들의 부담을 완전히 해소하기 위해 22년 넘게 유지해 온 신재생에너지 분담금 제도를 2022년 7월부로 폐지하고, 현재는 국가 예산을 통해 재생에너지 확대를 지원함으로써 시장 기반의 경쟁력과 공공의 수용성을 동시에 확보해 나가고 있다.

이처럼 독일의 태양광 확대는 발전차액지원제도를 통한 초기 시장 형성과 경매 제도를 통한 비용 절감 구조가 단계적으로 결합한 결과이다. 이는 재생에너지가 정책 기반 산업에서 경쟁 기반 산업으로 전환되는 대표적인 성공 사례이다.

일본도 2011년 후쿠시마 원전 사고 이후 에너지 전환 정책을 본격적으로 추진하면서, 재생에너지 확대를 위한 핵심 수단으로 발전차액지원제도를 도입했다. 일본의 경우 이 제도를 통해 민간 투자자들은 안정적인 수익을 보장받았고, 태양광을 중심으로 재생에너지 보급이 빠르게 확대되었다. 특히 초기 태양광 매입 가격을 세계적으로도 매우 높은 수준으로 책정하여, 일반 기업뿐만 아니라 개인 투자자들이 태양광 사업에 대거 뛰어드는 기폭제가 되었다.

실제로 일본의 재생에너지 설비 용량은 2010년 5.9기가와트로 전체 전력의 약 2.5% 수준에서 2017년 44.6기가와트로 증가하여 약 14.4% 비중이 증가했다. 그리고 2023년에는 일본의 태양광 누적 설치 용량이 약 87GW 수준에 도달했다.

그러나 이러한 빠른 확산은 전기요금 상승이라는 부작용도 동반했다. 발전차액지원제도의 비용은 결국 국민이 전기요금을 통해 부담하게 되는 구조였기 때문에, 20212년에는 kWh당 0.22엔이었던 부담금이 2017년에는 kWh당 2.64엔으로, 그리고 2025년에는 3.98엔으로 인상되었다. 일본 정부에 따르면 후쿠시마 사고 이후 연료비 증가와 전원 구성 변화가 누적되면서 2017년의 전기요금이 사고 이전 대비 가정용은 약 16%, 산업용은 약 21% 수준으로 상승했다.

이처럼 발전차액지원제도는 발전 사업자가 시장 가격과 관계 없이 일정한 판매 단가를 보장받게 됨으로써, 부과금 형태로 시민들의 부담이 증가하게 되는 구조다. 그래서 일본 정부는 전기요금 인상과 부담 확대에 대한 사회적 비판이 커지자, 2022년부터 새로운 정책으로 전환했다. 바로 발전차액프리미엄제도(FIP, Feed-in Premium)인데, 이 제도는 발전 사업자가 전력을 시장 가격에 판매하고, 그 가격에 일정 금액의 프리미엄을 추가로 지원받는 방식이다. 이 제도는 시장 가격 신호를 반영하면서도 일정 수준의 수익 안정성을 제공하는 구조이다.

일본 정부가 발전차액지원제도에서 발전차액프리미엄제도로 전환한 이유는 크게 세 가지이다. 첫째, 발전차액지원제도 방식은 보급이 확대될수록 국민 부담이 급격히 증가하는 구조이다. 둘째, 고정 가격 매입 방식은 시장 경쟁을 제한하고 발전 사업자의 비용 절감 유인을 약화하는 한계가 있다. 셋째, 재생에너지 산업이 일정 수준 이상 성장한 이후에는 시장 기반 경쟁 체계로 전환할 필요가 있었다. 이러한 이유로 일본 정부는 재생에너지 산업을 보호하는 단계에서 벗어나, 시장 경쟁을 통해 효율성을 높이고 국민 부담을 완화하는 방향으로 정책 전환을 추진했다.

일본 정부는 정기적으로 개정하는 에너지 기본 계획을 통해 재생에너지의 위상을 확고히 했다. 실제로 2018년 제5차 계획부터 재생에너지를 경제적으로 자립한 주력 전원으로 명시했다. 그리고 2030년까지 재생에너지 비중을 전체 전력의 36-38%까지 끌어울리겠다는 구체적인 수치를 제시함으로써 기업에 장기적인 투자 신호를 보냈다.

일본 정부는 재생에너지 확대 정책을 통해 경제 성장의 기회로 활용하고 있다. 최근 2조 엔 규모의 그린이노베이션 기금을 조성했고, 이를 통해 차세대 태양 전지 개발과 부유식 해상 풍력 같은 신기술 개발을 지원하고 있다.

우리나라는 재생에너지 확대를 위한 일환으로 2018년부터 〈재생에너지 3020 이행계획〉에 따라 소규모 태양광 발전 사업자를 대상으로 한 한국형 발전차액지원제도를 도입했다. 이 제도는 설비용량 100kW 미만의 소형 태양광 발전 사업자에게 일정한 전력 구매 단가를 보장함으로써 소규모 사업자의 수익 안정성을 높이고 재생에너지 시장 진입을 유도하는 데 목적이 있었다.

한국형 발전차액지원제도는 기존 발전차액지원제도의 구조를 간소화하고 신재생에너지 공급의무화제도(RPS)와 연계된 방식으로 설계되었다. 특히 농어촌 지역이나 고령자 소유 발전소 등 특정 조건을 충족하는 사업자에게도 참여 기회를 확대하여 태양광 보급의 지역 균형성과 사회적 형평성 확보를 동시에 추구한다. 또한 한국형 발전차액지원제도 사업에 참여하기 위해서는 국내산 태양 전지 모듈을 사용하는 것이 필수 조건이다. 이는 국내 태양광 산업 생태계의 보호와 육성을 위한 조치이며, 에너지 전환과 산업 전략을 연계한 정책 설계의 예가 된다.

그러나 제도의 운용 과정에서 일부 한계도 있었다. 제한된 물량 배정, 입찰 경쟁을 통한 선정 방식, 모듈 요건에 대한 사업자의 부담 등이 주요 문제로 지적되었다. 무엇보다 태양광 시장의 성숙과 전력 시장 가격 변화에 따라 제도의 지속 가능성에 대한 의문도 제기되었다. 이에 따라 한국형 발전차액지원제도는 2023년 7월 27일을 기준으로 공식 폐지되었다.

그러나 한국은 화석 연료 의존도를 낮추고 신재생에너지 시장을 형성하기 위해 2002년부터 2011년 동안 발전차액지원제도를 도입한 적도 있었다. 이때 실시한 발전차액지원제도의 핵심 원리도 신재생에너지로 생산한 전력의 거래가 정부가 고시한 기준 가격보다 낮을 경우, 그 차액을 정부 예산으로 직접 보존해 주는 방식이었다. 이를 통해 국내의 발전 사업자에게 장기간 고정된 수익을 보장하여 투자의 불확실성을 제거하고, 기술 개발과 보급을 촉진할 수 있도록 했다.

2018년도의 한국형 발전차액지원제도에 비하면, 적용한 범위의 규모가 컸다. 이때에는 태양광, 풍력, 소수력, 연료전지 등 다양한 에너지원에 대한 지원이 있었다. 또 기간도 15년에서 20년 동안 고정된 가격으로 수익을 받을 수 있어서, 사업자들이 금융권으로부터 자금 조달을 받기에 수월했다. 그리고 한국형 발전차액지원제도가 100kW 미만의 소규모 사업자에게만 허용했지만, 2002년에 시행한 발전차액지원제도는 대규모 발전소도 참여할 수 있었다. 그러나 신재생에너지 보급이 정부에서 예상했던 것보다 빠르게 확대되면서, 차액 보조금 규모가 감당하기 어려울 정도로 많아졌다.

신재생에너지 공급의무화제도

한국의 신재생에너지 정책은 재정적 효율성과 시장 중심의 확대를 목표로 역동적인 변화 과정을 거쳐 왔다. 한국 정부는 재정적 한계를 극복하기 위해 2012년부터 신재생에너지 공급의무화제도(RPS)를 전격 도입했다. 이는 과거의 발전차액지원제도를 보완하여 더욱 시장 친화적인 방식으로 재생에너지를 확대하기 위한 정책적 전환이었다. 이 제도는 설비 용량 500kW 이상의 대형 발전 사업자를 대상으로 하며, 한국전력 산하 발전 자회사뿐만 아니라 주요 민간 발전사 등 총 14개 의무 공급자에게 적용되었다. 대상 사업자들은 매년 고시되는 공급 의무 비율에 따라 재생에너지를 직접 생산하거나 시장에서 신재생에너지 공급인증서(REC)를 구매하여 그 의무를 이행해야 했다. 도입 초기에는 2023년까지 의무 비율을 10%로 높이는 완만한 상승 계획을 수립했으나, 이후 시장 수급 상황을 고려하여 달성 시기를 2년 유예하는 1차 조정을 거쳤다.

탄소 중립과 에너지 전환 정책이 강화되면서 로드맵은 급격한 상향 곡선을 그렸다. 정부는 2021년 법 개정을 통해 10%로 제한되었던 의무 비율 상한선을 25%까지 대폭 확대했으며, 2026년까지 이를 조기 달성하겠다는 도전적인 목표를 제시했다. 이 시기 의무 비율의 가파른 상승은 REC에 대한 수요를 단기간에 폭증시켰으며, 이는 신재생에너지 사업자들의 수익성에 직접적인 영향을 주었다.

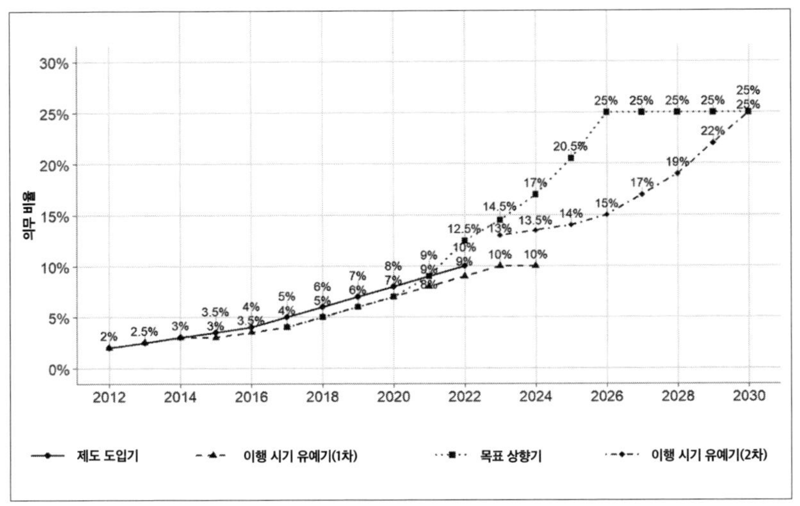

그림 6 · 신재생에너지 공급의무화제도 목표

출처: 산업통상자원부 고시 및 전력수급기본계획 재구성

에너지 안보와 실현할 수 있는 에너지 믹스를 우선시하는 정책 기조에 따라, 2022년 이후 로드맵은 다시 한번 수정되었다. 25%라는 최종 목표치는 유지하되 달성 시점을 2030년으로 4년 연장하는 2차 유예를 결정한 것이다. 이에 따라 2023년 목표치는 14.5%에서 13%로, 2026년 목표치는 25%에서 15%로 낮아지며 상승 기울기가 완만해졌다.

신재생에너지 공급인증서

신재생에너지 공급의무화제도에 따라 발전 사업자는 신재생에너지로 생산한 전력량만큼 신재생에너지 공급인증서(REC, Renewable Energy Certificate)를 발급받으며, 이는 시장에서 화폐처럼 거래될 수 있다. 신재생에너지 공급 의무자는 이 인증서를 구매하거나 직접 확보하여 연간 의무량을 충족시켜야 한다.

신재생에너지 공급인증서에는 발전원, 설치 유형, 재생에너지 특성 등에 따라 차등적인 가중치가 부여된다. 예를 들어, 일반적인 육상 태양광에는 1.0의 기본 가중치가 적용되지만, 건물 위나 영농형 태양광과 같이 부가 가치가 높은 형태에는 1.2까지 가중치가 주어진다. 반면, 폐기물 또는 혼합연료 발전처럼 환경성이 낮은 경우에는 0.25-0.5 수준으로 낮은 가중치가 부여된다. 해상 풍력처럼 초기 투자 비용이 큰 설비도 높은 가중치를 통해 정책적 지원을 강화할 수 있다.

이처럼 신재생에너지 공급인증서의 가중치 제도는 단순히 공급량을 늘리는 것을 넘어, 설치 유형 간의 균형을 조정하고, 기술 발전을 유도하며, 환경적 편익이 큰 설비에 우선순위를 두는 방식으로 설계되어 있다. 결국, 신재생에너지 공급의무화제도와 신재생에너지 공급인증서제도는 재생에너지 확대를 위한 시장 기반의 정책 도구로서 기능하며, 한국의 에너지 전환 정책에서 중심적인 역할을 수행하고 있다.

재생에너지 발전 사업자의 수익 방법

신재생에너지 공급 의무량과 인증서 발급량의 추이를 살펴보면, 제도 도입 초기인 2012년부터 2016년까지는 공급 의무량과 인증서 발급량이 비교적 근접한 수준을 유지하며 동반 상승하는 모습을 보였다. 2012년에는 공급 의무량이 약 642만 MWh, 인증서 발급량이 약 150만 REC 수준이었으며, 이후 양 지표 모두 꾸준히 증가하여 2016년에는 공급 의무량이 약 1,560만 MWh, 인증서 발급량이 약 1,560만 REC 수준으로 비슷한 흐름을 나타냈다. 이 시기는 RPS 제도가 연착륙 단계에 있었고, 수요와 공급이 비교적 균형을 이루던 시기였다.

그러나 2017년 이후부터는 인증서 발급량이 공급 의무량을 빠르게 상회하기 시작했다. 2017년에는 공급 의무량이 약 1,705만 MWh지만, 인증서 발급량은 약 2,050만 REC로 격차가 발생했다. 이후 태양광 중심의 설비 보급이 급증하면서 공급 과잉 현상이 심화했고, 2020년에는 공급 의무량이 약 3,140만 MWh, 인증서 발급량은 약 5,400만 REC로 격차가 약 2,260만 REC까지 확대되었다. 이 시기는 REC 시장에서 구조적인 공급 과잉이 가장 심각했던 구간으로 평가된다.

2021년 이후에는 정책적 목표 상향에 따라 공급 의무량이 빠르게 증가하면서 발급량과의 격차가 다소 축소되는 흐름을 보였다. 2022년에는 공급 의무량이 약 5,875만 MWh, 인증서 발급량이 약 6,600만 REC로 격차가 줄어들었으며, 2024년에는 공급 의무량이

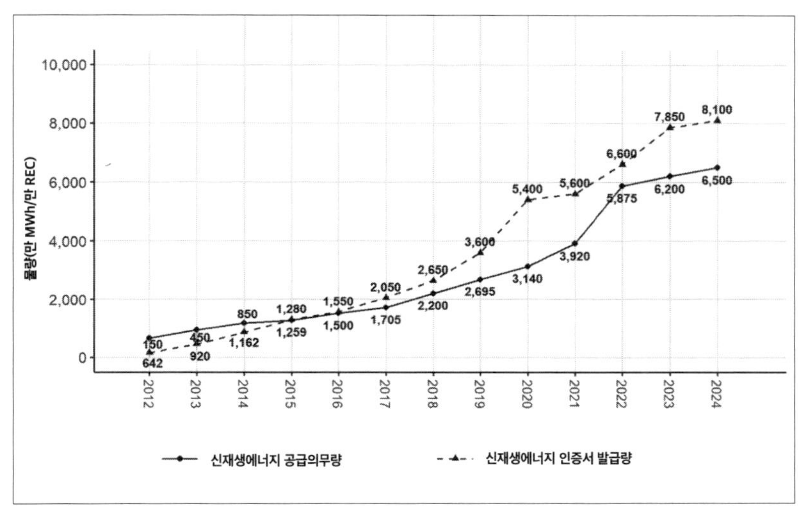

그림 7 · 신재생에너지 공급의무량 및 인증서 발급량

출처: 전력거래소 및 신재생에너지센터 통계 재구성

약 6,500만 MWh, 인증서 발급량이 약 8,100만 REC 수준으로 여전히 공급 우위 구조가 유지되고 있다. 이는 수요가 빠르게 확대되고 있음에도 불구하고 설비 보급 속도가 여전히 이를 앞서고 있음을 보여준다.

우리나라에서 재생에너지 발전 사업자가 전력을 판매하여 얻는 수익은 기본적으로 두 가지 요소로 구성된다. 하나는 전력 도매 시장에서 형성되는 계통한계가격(System Marginal Price, SMP)이며, 다른 하나는 재생에너지로 생산된 전력에 대해 발급되는 신재생에너지 공급인증서이다. 발전 사업자는 생산한 전력을 전력 시장

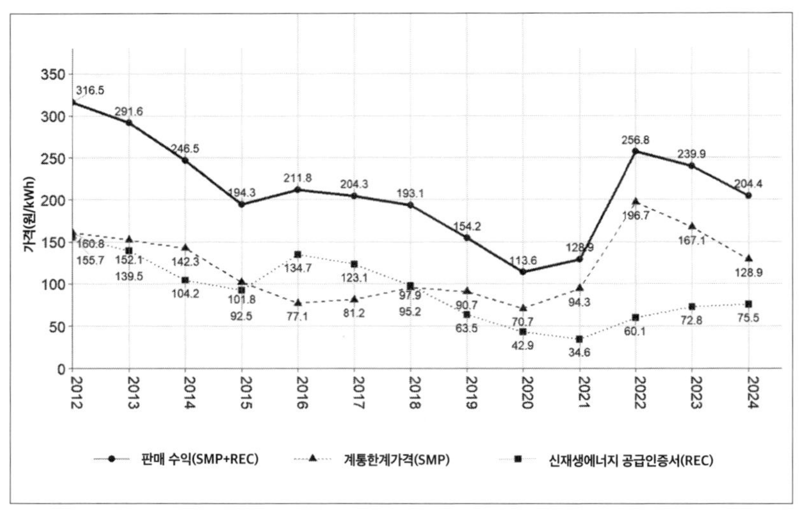

그림 8 · 전력 판매

출처: 전력거래소 전력통계정보시스템

에 판매하여 SMP 수익을 얻고, 동시에 같은 전력에 대해 발급받은 REC를 의무 공급사나 민간 기업에 판매함으로써 추가 수익을 확보한다. 따라서 재생에너지 발전 사업자의 총판매 수익은 SMP 수익과 REC 거래 수익을 합산한 구조로 이루어져 있으며, 이는 정부가 재생에너지 보급을 확대하기 위해 설계한 정책적 보상 체계의 핵심이라 할 수 있다.

재생에너지 판매 수익은 신재생에너지 공급 의무량과 인증서 발급량의 수급 구조 변화에 직접적인 영향을 받는다. REC 가격은 2012년 155.7원/kWh로 매우 높은 수준을 기록했으나, 공급 과잉이 심화된 이후 지속적인 하락세를 보였다. 2016년에는 134.7원 수준이었고, 2019년에는 63.5원까지 하락했으며, 공급 과잉이 극심했던 2020년에는 34.6원으로 최저 수준을 기록했다. 이는 인증서 발급량이 공급 의무량을 크게 상회하면서 REC 시장 가격이 구조적으로 하락했음을 의미한다.

다만 2021년 이후 의무 비율 상향안이 발표되면서 향후 수요 증가에 대한 기대가 형성되었고, 이에 따라 REC 가격은 반등세를 보이기 시작했다. 2022년에는 60.1원, 2023년에는 72.8원, 2024년에는 75.5원 수준으로 회복되는 흐름을 나타냈다. 이는 정책적 수요 확대 신호가 시장 가격에 직접적으로 반영된 결과로 해석된다.

재생에너지 발전 사업자의 전체 판매 수익은 SMP와 REC 가격을 합산한 구조로 형성되며, 이 중 SMP 변동의 영향이 매우 크게 나타난다. 2012년에는 SMP가 160.8원, REC가 155.7원으로 총판매 수익이 316.5원/kWh에 달했다. 이후 SMP 하락과 REC 가격 하락이 동시에 진행되면서 판매 수익은 2014년 246.5원, 2016년 211.8원, 2019년 154.2원으로 점차 감소했다. 특히 2020년에는 SMP 70.7원, REC 34.6원으로 총판매 수익이 113.6원까지 하락하며 최저 수준을 기록했다.

그러나 2022년에는 글로벌 에너지 위기로 연료 가격이 급등하면서 SMP가 196.7원까지 상승했고, 이에 따라 총판매 수익은 256.8원으로 급반등했다. 이후 연료 시장이 안정되면서 2023년에는 239.9원, 2024년에는 204.4원으로 다시 조정 국면에 들어선 모습이다. 이는 재생에너지 발전 사업자의 수익성이 REC보다는 SMP 변동에 더욱 크게 좌우되는 구조로 전환되었음을 보여준다.

정책 변화는 이러한 시장 구조에 직접적인 영향을 미쳤다. RPS 의무 비율이 상향되면 의무 공급자의 REC 구매 수요가 즉각적으로 증가하면서 가격 상승 요인으로 작용했고, 반대로 목표가 유예되거나 조정되면 수요 증가 속도가 둔화하면서 가격 안정 또는 하락 요인으로 작용했다. 또한 급격한 목표 상향은 설비 보급 속도가 이를 따라가지 못할 때 공급 부족 리스크를 유발하여 REC 가격 급등 가능성을 내포하고 있다.

종합적으로 보면, 우리나라 재생에너지 시장 가격은 정부가 설정하는 공급 의무량이라는 수요와 인증서 발급량이라는 공급의 상호작용 때문에 결정되는 구조를 형성해 왔다. 특히 RPS 로드맵 변경은 시장 참여자들의 기대를 변화시키며 가격 형성에 결정적인 영향을 미치는 정책 신호로 작용해 왔다. 이러한 점에서 재생에너지 시장은 일반적인 자유 시장과 달리 정책 설계가 가격 구조를 좌우하는 정책 주도형 시장의 성격을 강하게 띠고 있다고 평가할 수 있다.

제 5 장

태양 에너지

하늘에서 바라본 지구의 밤

인공위성으로 촬영한 지구의 야간 사진은 국가별 에너지 소비 수준을 한눈에 보여준다. 북미와 유럽, 일본, 한국처럼 경제가 고도화된 지역은 밤에도 밝은 불빛이 두드러져 전력 소비가 높음을 시사한다. 이에 비해 아프리카, 남미, 동남아시아 등은 상대적으로 어둡게 나타나 전력 보급 수준의 격차가 시각적으로 드러난다. 이러한 대비는 전 세계의 에너지 접근성과 공급이 불균형하다는 사실을 바로 보여주며, 그 격차를 줄이기 위한 지속 가능한 에너지 시스템의 도입 필요성을 더 부각한다.

또 밝은 불빛이 있는 지역을 살펴보면, 태양 에너지를 활용할 수 있는 중위도 지역에 있다. 일반적으로 전 세계 태양 에너지 잠재량은 적도 인근과 사막 지역에서 가장 높은 일사량이 관측된다.

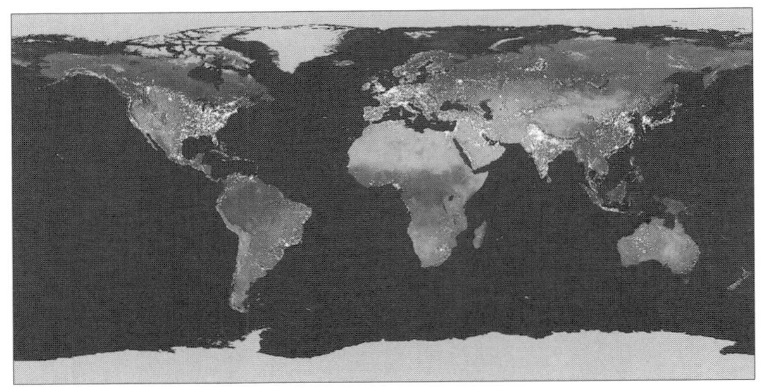

그림 1 · 밤의 지구

출처: NASA Earth Observatory

특히 사하라 사막, 아라비아반도, 오스트레일리아 중부, 북미 남서부, 남미 안데스 고지대는 태양 에너지 개발에 가장 적합한 지역으로 분류된다. 이들 지역은 연중 맑은 날씨가 많고 태양 고도가 높아서 단위 면적당 태양 복사 에너지의 도달량이 크게 나타난다.

그리고 경제가 고도화된 북반구 지역의 국가들 역시 태양 에너지를 활용하면 전력 생산을 충분히 할 수 있음을 보여준다. 예를 들어, 미국 캘리포니아, 칠레 아타카마 사막, 사하라 사막 중부, 아라비아반도, 카자흐스탄, 호주 중부 지역으로 유입하는 태양 에너지를 모으면 지구 전체가 필요로 하는 1년 치 에너지를 충당할 만큼 방대하다.

그렇다면, 지구는 왜 공간적으로 태양 에너지의 세기가 다를까? 그 이유는 적도에 가까운 위도가 낮은 지역은 태양 빛이 거

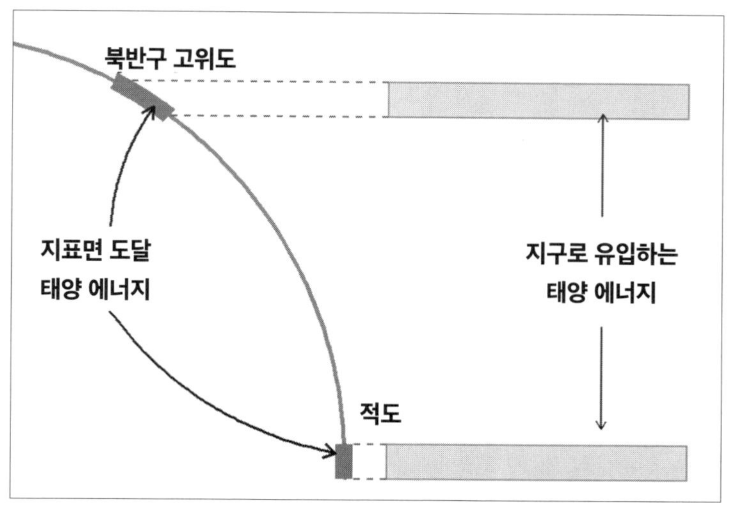

그림 2 · 지구가 둥글어서 생기는 에너지 차이

출처: 저자 그림

의 수직으로 들어와 좁은 면적에 집중된다. 그러나 위도가 높은 극 지역에서는 태양 빛이 비스듬하게 들어와 넓은 면적에 퍼진다. 위도가 낮고, 위도가 높은 지역 모두 같은 태양 에너지가 유입되지만, 극 지역은 에너지가 넓게 퍼져 도달한다. 반면, 위도가 낮은 지역은 태양 에너지가 좁은 면적에 집중된다. 따라서 넓은 지역에 걸쳐 들어오는 태양 에너지의 일사량은 위도가 낮은 적도 지역보다 적을 수밖에 없다.

한국은 중위도에 위치하며 연평균 일사량은 3.5-4.0kWh/m^2 수준을 보인다. 이 양은 태양 에너지 가동 시간이 1년에 평균 3.3시간이라면, 연평균 태양 에너지의 세기는 약 1.0 kW/m²인 것과 같다. 이는 세계 최고 수준은 아니지만 상업적 발전을 수행하기에는 충분한 자원량을 제공한다. 특히 제주도, 남부 해안 지역, 고도가 높은 내륙 지역은 상대적으로 높은 일사량을 보인다. 한국의 연평균 일조 시간은 약 2,000시간 내외를 나타내며, 계절별로 보면 봄과 가을은 일조 시간이 길어 발전에 유리하지만, 여름은 장마와 고온다습한 기후로 인해 일사량이 감소하는 경향을 보인다.

태양 에너지는 크게 두 가지 방식으로 활용된다. 첫 번째는 태양광 발전이며, 두 번째는 태양열 발전이다. 이 두 방식은 모두 태양을 이용하지만, 에너지를 변환하는 원리와 목적이 다르다.

태양광 발전은 태양의 빛 에너지를 직접 전기로 변환하는 방식이다. 태양 전지판(모듈)에 사용되는 반도체 물질이 광전 효과(빛을 받으면 전자가 이동하는 현상)를 이용해 전기를 생성한다. 흔히 건물 옥상이나 농지 위에 설치된 태양광 패널이 이 기술을 대표하며, 가정용부터 산업용까지 폭넓게 활용된다. 태양광 발전은 설치와 유지가 비교적 간단하고 모듈화가 쉬워 소규모 분산형 에너지 생산에 유리하다.

반면 태양열 발전은 태양의 빛을 거울이나 집열판을 통해 모아 고온의 열을 발생시키고, 이를 통해 물을 끓여 증기를 만든 후 터빈을 돌려 전기를 생산하는 방식이다. 태양광이 빛에서 전기로 직접 변환하는 반면, 태양열 발전은 빛에서 열, 기계, 전기의 순서로 에너지 변환 과정을 거친다. 이 방식은 주로 대규모 발전소에서 활용되며, 저장할 수 있는 열에너지를 이용해 일정 시간 동안 발전을 유지하도록 한다.

02

태양 전지

광전 효과

태양광 발전의 과학적 기반은 아인슈타인이 1904년에 제시한 광전 효과(Photoelectric Effect) 이론에 뿌리를 둔다. 광전 효과는 금속 표면에 빛이 닿을 때 전자가 방출되는 현상을 의미하고, 이는 빛이 단순한 파동이 아니라 에너지를 가진 입자(광자, photon)로도 작용한다는 사실을 바탕으로 한다. 아인슈타인의 이론은 태양의 빛을 직접 전기로 변환할 수 있는 이론적 가능성을 열고, 현대 태양 전지 기술의 출발점이 된다.

광전 효과는 간단한 실험 장치로 설명한다. 금속판과 금속 막대가 연결된 절연체 위에 특정 파장의 빛을 쬐면 금속판으로부터 전자가 튀어나와 회로를 통해 흐른다. 이 원리는 오늘날 태양 전지의 핵심 작동 메커니즘이 되며, 빛이 반도체 재료에 도달하면 내부에서 전자-정공 쌍이 형성되고, 이 전하들이 외부 회로를 따라 이동하면서 전류가 생성되는 구조로 이어진다.

1954년 미국 벨 연구소(Bell Labs)는 최초의 실용적 태양 전지를 개발하고 약 6%의 전환 효율을 기록한다. 이 태양 전지는 상용화 태양광 기술의 기초가 되었다.

즉, 태양 전지는 단순히 빛을 받는 장치가 아니라 빛을 이용해 전자를 방출시키고 이 전자를 수집하여 전기 에너지로 전환하는 정교한 물리적 장치가 되며, 20세기 초의 과학적 발견을 바탕으로 발전한 기술이 된다.

태양 전지의 종류

태양 전지는 구조와 재료에 따라 여러 종류로 나뉘며, 각기 특성과 효율, 개발 단계가 다르게 나타난다. 전체적으로 실리콘계, 화합물계, 유기계 태양 전지로 구분한다.

가장 널리 사용되는 실리콘계 태양 전지는 단결정형과 다결정형으로 나뉜다. 단결정 실리콘 태양 전지는 약 200마이크로미터 두께의 얇은 단결정 실리콘 기판을 사용하고, 뛰어난 성능과 높은 신뢰성을 갖춰 실용화 단계에서 널리 활용된다. 변환 효율은 약 20% 이상의 수준을 보이고, 제조 비용이 비교적 높다는 한계를 가졌다. 반면 다결정 실리콘 태양 전지는 여러 결정이 모여 만들어진 기판을 사용하고, 단결정보다 제조 비용을 낮추지만, 효율은 다소 낮은 약 15% 이상의 수준을 보인다.

현재는 상용화된 프리미엄 모델의 단결정 실리콘은 이미 23-24%대 효율에 진입했으며, 연구실 수준에서는 이론적 한계치인 29.4%에 근접하고 있다. 다결정 실리콘은 과거에는 15% 수준이었으나 기술 개선으로 최근 모델은 18-20%까지 나온다. 현재는 단결정의 가격 차이가 줄어들면서 주류 시장에서는 단결정 실리콘이 시장의 80-90% 이상을 점유하고 있다.

페로브스카이트

페로브스카이트(Perovskite)는 태양 빛을 잘 흡수해 전기를 만드는 데 유리한 성질을 가진 특별한 물질이다. 러시아의 레프 페로브스키(Lev Rerovsky)가 발견한 특정 결정 구조를 가진 광물(CaTiO3)을 지칭했으나, 현재는 그와 같은 결정 구조를 갖는 ABX3 화합물들을 일컫는다. 이 구조는 적절한 구성 원소를 찾아서 자유롭게 바꿀 수 있어서 빛을 흡수하는 성질과 전기적 특성을 조절할 수 있는 것이 특징이다.

페로브스카이트는 실리콘 태양 전지의 한계를 극복할 수 있는 장점이 있어서 꿈의 태양 전지라고 불리고 있다. 먼저 페로브스카이트의 초기 효율은 3%대였지만, 최근에는 26% 이상 높아졌다는 것이다. 그리고 제조 비용도 저렴하다. 실리콘은 $1,000°C$ 이상의 고온 공정이 필요하지만, 페로브스카이트는 액체 상태로 만든 뒤 잉크를 바르는 방식이 가능해서 생산 단가를 획기적으로 낮출 수 있다. 그래서 두께도 실리콘 태양 전지가 150-200마이크로미터 라면, 페로브스카이트는 0.25-0.3마이크로미터로 천 배 정도 얇은 특징이 있다. 또 유연함과 투명함이 장점이다. 얇고 가벼워서 휘어질 수 있으며, 건물 외벽, 창문, 자동차, 옷 등 다양한 재질에 부착할 수 있다. 또 실리콘 태양 전지는 99.9999% 이상의 순도를 요구하지만, 페로브스카이트는 작은 결함이 있어도 전기가 잘 통하는 성질이 있어서 제작이 쉬운 장점이 있다.

이러한 장점에도 아직 페로브스카이트를 현장에서 사용하기에는 큰 단점이 있다. 첫 번째는 수분과 열에 약해서 현재는 특정 밀폐 조건에서의 연구가 대부분이다. 두 번째는 소량의 납이 포함되어 있어서 이를 대체하거나 중금속의 유출을 막을 방안이 필요하다.

페로브스카이트 전망

현재는 태양 전지 기업들이 페로브스카이트와 실리콘을 겹쳐 놓은 탠덤(Tandem) 태양 전지를 개발하고 있다. 실리콘 태양 전지와 결합한 탠덤 전지 구조에서는 이론적으로 최대 44%의 효율까지 기대할 수 있다. 세계 각국의 연구 기관과 기업들도 활발히 개발을 진행하고 있으며, 독일의 프라운호퍼 연구소는 31.6%, 중국 JinkoSolar는 33.24%, Longi 사는 34.6%, 한화큐셀은 34.8%의 효율을 달성한 것으로 보고되고 있다.

페로브스카이트 태양 전지는 연구실 수준의 소면적에서 높은 효율을 기록하며 주목받고 있지만, 실제 제품과 같은 대면적으로 제작했을 때도 비슷한 수준의 효율을 유지할 수 있는지가 상용화의 핵심 과제로 떠오르고 있다. 실험실에서는 보통 $1cm^2$ 미만의 아주 작은 셀로 효율을 측정하지만, 실제 사용되는 태양광 패널은 수십 센티미터에서 1제곱미터가 넘는 크기로 제작되어야 한다. 이처럼 넓은 면적으로 확장할 때는 몇 가지 어려움이 발생한다. 첫째, 재료 균일성 확보의 문제이다. 페로브스카이트는 얇고 민감한 소재이므로 넓은 면적에서도 고르게 증착하거나 프린팅하기가 쉽지 않다. 둘째, 효율 저하 문제이다. 작은 면적일 때는 높은 효율을 보이지만 면적이 넓어질수록 전류 손실이나 재료 결함이 늘어나 전체 효율이 떨어질 수 있다. 셋째, 내구성 확보의 어려움이다. 대면적 패널은 기후 조건, 자외선, 수분 등 외부 환경에 더 많이 노출되므로 소재의 수명과 안정성이 중요하나, 최근에는 국제 표준 시험을 통해 2,000시간 이상의 안정성을 확보하는 단계에 진입했다.

최근에는 이러한 대면적 문제를 해결하려는 연구가 발표되고 있다. 영국의 옥스퍼드 PV는 2025년까지 약 28%에 달하는 고효율 셀의 상용화를 예고하고 있으며, 2024년에는 60셀 기준으로 26.9%, 향후 70셀 기준으로는 24.5% 수준의 효율을 예상한다. 이는 대면적 실리콘 태양 전지 셀과 결합한 형태로서, 이미 산업화 수준의 크기에서 효율을 높이려는 시도라 할 수 있다. 특히 국내 기업인 한화큐셀도 대면적(330.56㎠) 크기의 탠덤 태양 전지에서 28.6%의 효율을 달성하여 주목받았다. 이 수치는 단순한 연구 결과가 아니라 실제 제품 수준의 면적에서도 고효율을 인증받은 사례로서, 페로브스카이트 기술이 상업적 활용 가능성에 근접하고 있음을 보여준다.

03

태양으로 전기 만들기

태양 전지 셀(Solar Cell)은 태양광 발전 시스템을 구성하는 가장 기본 단위로서 햇빛을 전기 에너지로 전환하는 핵심적 역할을 담당한다. 이 셀은 실리콘 웨이퍼에 소량의 불순물을 주입하여 전기를 생성하도록 제작한다.

실리콘

태양 전지에서 가장 널리 쓰이는 재료는 실리콘(Si)이다. 실리콘은 반도체의 성질을 지니는데, 이는 전기를 어느 정도 통하게 하면서도 완전히 흐르지 않도록 제어할 수 있는 특성을 의미한다.

이러한 성질 덕분에 실리콘은 전자 제품뿐 아니라 태양 전지의 핵심 재료로도 활용된다.

태양 전지를 만드는 데 사용하는 실리콘은 규소라는 원소에서 나온다. 규소는 지각에 풍부하게 존재하는 물질로, 모래의 주성분이기도 하다. 그러나 우리가 일반적으로 보는 모래는 전기를 통하지 못한다. 이 모래를 고순도로 정제하고 결정 구조를 배열한 뒤 특수한 방식으로 가공해야 비로소 태양 전지용 실리콘이 된다.

실리콘 결정은 규칙적인 구조 속에서 원자들이 단단하게 결합되어 있다. 이러한 구조는 전자가 움직이기 좋은 환경을 형성하며, 햇빛을 받으면 전기를 생산할 수 있게 한다. 공유 결합 구조는 실리콘 원자들이 강하게 붙어 있는 모습을 보여주며, 이러한 구조가 태양 전지 성능에 중요한 역할을 한다.

웨이퍼

웨이퍼는 태양 에너지를 전기로 바꾸는 가장 기초가 되는 실리콘 판이다. 예를 들면 피자를 만들 때 토핑을 올리기 전의 넓고 얇은 도우와 같다고 할 수 있다. 웨이퍼는 고순도 실리콘 기둥을 아주 얇게 잘라낸 판(약 0.2 밀리리터)이다. 웨이퍼 자체로는 전기를 통할 수 없다.

웨이퍼를 만들기 위해서는 잉곳이 있어야 한다. 마치 피자에서 도우를 만들기 전에 반죽 덩어리와 같은 것이다. 잉곳은 폴리실리콘을 약 1,000°C 이상의 온도에서 녹이고, 이것을 수십 시간에 걸쳐 기둥 형태로 뽑아내서 굳힌다. 지름은 약 247-295밀리미터이고, 길이는 2-5미터 정도 된다. 길이에 따라 무게도 300-600kg에 달한다.

웨이퍼는 잉곳을 다이아몬드 와이어 등을 이용해서 약 200마이크로미터 두께로 잘라낸 판을 말한다.

도핑

태양 전지가 햇빛을 받아 전기를 만들기 위해서는 단순히 빛을 흡수하는 것만으로는 부족하다. 왜냐하면, 태양 전지에 사용되는 웨이퍼는 햇빛을 흡수한다고 해서 전기를 생성하지 않기 때문이다. 빛 에너지를 전기로 바꾸기 위해서는 실리콘 내부에서 전자가 원활하게 움직일 수 있는 환경이 필요하며, 이를 가능하게 하는 핵심 기술이 바로 도핑(doping)이다.

도핑은 말 그대로 소량의 다른 물질을 섞는 것을 의미한다. 실리콘은 전기를 만들 수 있는 기본 재료이지만 순수한 상태로는 전자의 이동성이 낮다. 따라서 실리콘 결정 내에 극히 적은 양(전체의 2% 이하 수준)의 다른 원소를 첨가해 전자의 수와 움직임을 조절한다. 이 작은 변화가 전류 흐름에 큰 영향을 주며, 실리콘 원자 수가 약 10^{22}개일 때 도핑은 10^{16}-10^{20}개 정도의 위치에만 영향을 미친다. 더 쉽게 이해하자면, 실리콘 원자 수가 100개일 때 도핑은

2개 정도에 영향을 줄 수 있다.

도핑은 실리콘에 전자를 한 개 더 많은 원자를 첨가하거나, 또는 전자가 한 개 부족한 원자를 첨가하게 된다. 예를 들어 실리콘에 인(P)이나 안티몬(Sb)을 소량 첨가하면, 이 원소들은 실리콘보다 전자를 하나 더 가지고 있어 자유 전자를 만들어 낸다. 이처럼 전자를 공급하는 원소를 주게(donor)라고 하며, 자유 전자들은 햇빛의 에너지를 받아 쉽게 이동하며 전기를 만들어 낸다.

반대로 붕소(B)와 같이 전자를 하나 덜 가진 원소를 첨가하면, 실리콘 결정 내부에 전자가 비어 있는 자리인 정공(hole)이 발생한다. 정공은 실제로는 공간이지만 주변 전자들이 이 자리를 채우며 이동하고, 그 결과 전류가 흐른다. 붕소와 같이 전자를 받아들이는 원소를 받게(acceptor)라고 한다.

따라서 도핑은 실리콘 내부에 자유롭게 이동할 수 있는 전자나 정공을 인위적으로 형성하여, 태양 전지가 햇빛을 전기 에너지로 변환할 수 있도록 하는 매우 중요한 과정이다. 태양 전지는 이러한 방식으로 도핑된 실리콘 반도체 위에 빛을 쬐어 전자와 정공이 발생하도록 하며, 각각이 서로 반대 방향으로 이동하게 함으로써 전류가 흐르도록 한다. 이 과정은 햇빛이 반도체에 흡수되고, 전자와 정공이 생성되며, 그 이동을 통해 전류가 형성되어 전기가 생산되는 구조로 이해할 수 있다. 이는 전기가 전혀 흐르지 않는 절연체와 달리, 충분한 에너지를 받으면 전자가 이동할 수 있는 반도체의 성질을 활용한 결과라 할 수 있다.

전기장

태양 전지 셀이 전기를 생산하기 위해서는 햇빛을 받은 전자들이 자유롭게 움직일 수 있어야 한다. 그러나 전자들은 빛을 받아 자유롭게 되더라도 아주 짧은 시간 안에 다시 원래 자리에 있던 정공, 즉 전자가 빠져나간 자리로 돌아가려는 성질을 가진다. 이 경우 전기가 발생하기도 전에 사라져 버리기 때문에 발전이 이루어지지 않는다. 이러한 상황을 방지하기 위해 태양 전지는 구조적으로 전자가 정공으로 곧바로 되돌아가지 못하도록 설계된다.

태양 전지 내부에는 에너지 갭이라는 장벽이 존재하며, 전자는 일정 수준 이상의 에너지를 받아야만 이동할 수 있다. 햇빛이 이 에너지를 제공하면 전자는 전도대로 올라가 자유롭게 되고, 이 과정에서 전자와 정공이 동시에 생성된다.

태양 전지가 전기를 생산할 수 있는 이유는 내부에 전자 이동을 가능하게 하는 전기장이 형성되기 때문이다. 이 전기장은 신호등처럼 전자의 이동 방향을 안내하는 역할을 하며, 태양광을 받아 생성된 전자들이 일정한 방향으로만 이동하도록 유도한다. 생성된 전자들은 실리콘 위에 얇게 형성된 핑거즈(fingers)와 버스바(busbar)라는 전극 구조를 따라 외부 회로로 이동하며, 이 흐름이 곧 전기 에너지가 된다.

전자의 이동

태양 전지는 햇빛을 받아 전기를 생산하는 장치로 작동한다. 태양 빛이 태양 전지 위에 도달하면 빛의 에너지를 흡수한 전자들이 튀어나오게 되며, 이 전자들은 자유롭게 이동할 수 있는 상태가 되어 위쪽으로 모인다. 반면 아래쪽에는 전자가 빠져나간 빈자리인 정공이 자리를 잡는다. 전자들은 이 정공 쪽으로 이동하려는 성질을 가지지만, 보이지 않는 장벽인 전기장이 존재해 전자들의 이동 방향을 일정하게 제한한다. 이 과정에서 전자들은 태양 전지 표면의 전선을 따라 외부 회로로 이동하고, 다시 태양 전지의 아래쪽으로 돌아오게 되며, 이때 전류 즉 전기의 흐름이 발생한다. 이렇게 만들어진 전류는 가전제품이나 전구와 같은 기기를 작동시키는 전력으로 활용된다.

태양 전지 셀의 특성

태양 전지 셀은 태양광 모듈을 구성하는 최소 단위로서 여러 개의 셀을 직렬 또는 병렬로 연결해 하나의 모듈을 형성한다. 셀의 성능과 효율은 도핑 방식, 결정 구조, 제조 기술 등에 따라 달라진다. 결정 구조에 따라 단결정 실리콘 셀과 다결정 실리콘 셀로 구분되며, 단결정은 높은 효율을 보이는 대신 가격이 더 높고 외형이 모서리가 절단된 팔각형에 가까운 형태를 띤다. 다결정은 정사각형 형태로 구분이 쉽다. 셀 규격은 산업 표준에 따라 대개 5인치 또는 6인치(약 125mm 또는 156mm) 크기로 제작한다.

태양 전지 셀 한 개는 햇빛을 받을 때 약 0.5-0.6볼트의 전압과 4-8암페어의 전류를 생성하며, 약 2와트에서 최대 4.8와트의 전력을 생산한다. 이해를 돕기 위해 AA 건전지와 비교하면, 일반 AA 건전지는 약 1.5V, 2A로 약 3W의 전력을 낸다. 즉 태양 전지 셀 한 개는 AA 건전지 한 개와 비슷하거나 약간 높은 수준의 전기를 생산한다고 볼 수 있다. 이러한 셀을 직렬 또는 병렬로 연결하여 모듈을 구성하며, 시스템은 모듈과 어레이로 확장되어 소형 가전에서 태양광 발전소까지 유연하게 활용되도록 한다.

태양 전지의 전력 생산은 전압과 전류의 곱인 전력(Watt)으로 나타낸다. 이는 수력 발전의 원리와 유사하게 설명할 수 있다. 수력 발전에서 물의 높이 차이는 전압에 해당하며, 물의 흐름양은 전류에 비유된다. 전압이 높을수록(즉, 물 높이가 높을수록) 큰 위치 에너지를 지니며, 전류가 많을수록(즉, 흐르는 물의 양이 많을수록) 더 많은 에너지를 생산한다.

태양 전지에서도 이와 유사한 전류-전압 특성이 나타난다. 단락전류는 회로가 닫히지 않은 상태, 즉 전압이 0V일 때 흐를 수 있는 최대 전류를 의미하며, 이는 수문을 활짝 열었을 때 모든 물이 흘러 나가는 상황에 해당한다. 반대로 개방전압은 회로가 열려 있어 전류가 흐르지 않는 상태에서 나타나는 최대 전압으로, 물이 고여 있으나 흘러가지 않는 상황에 해당한다.

태양 전지는 항상 같은 전류나 전압을 내지 않는다. 햇빛의 세기, 온도, 부하(전기를 사용하는 기기)에 따라 전류와 전압이 달라진다. 이때 태양 전지로부터 가장 많은 전기를 얻을 수 있는 전류와 전압의 조합이 존재하며, 이를 최대전력점(MPPT)이라 부른다. 물레방아에 물을 흘려보낼 때 너무 많은 물이 흐르면 물레방아가 제대로 돌지 않고, 너무 적은 물이 흐르면 힘이 부족하듯이, 태양 전지도 적당한 전류와 전압의 조합에서 가장 많은 전기를 만든다.

이 최적 지점을 자동으로 찾아주는 장치가 태양광 인버터이다. 인버터는 태양 전지에서 들어오는 전류와 전압을 실시간으로 모니터링하고, 전기를 가장 많이 만들 수 있는 조건을 계산하여 그 지점에서 작동하도록 조절한다. 또한 태양광 인버터는 기본적으로 태양광에서 만들어지는 직류 전기를 교류 전기로 바꾸는 역할을 수행한다. 교류는 가정이나 산업에서 사용하는 전기의 형태이다.

태양 전지 셀의 효율

태양 전지 셀의 효율은 주어진 면적에서 얼마나 많은 태양 에너지를 전기로 변환할 수 있는지를 나타내는 중요한 지표다. 일반적으로 사용되는 6인치(156mm×156mm) 다결정 실리콘 셀의 경우, 1등급 셀은 약 4.015W의 출력을 가지고 있으며, 이를 면적당 환산하면 약 16.5%의 변환 효율을 보인다. 다시 말해, $1\,m^2$ 면적에 $1{,}000\text{W}/m^2$의 태양광이 입사되었을 때 약 165W의 전기가 생산된다.

　하지만 최근에는 기술의 발전과 제조 공정의 개선을 통해 셀 효율이 지속적으로 향상되고 있다. 예를 들어, 한화큐셀의 상업용 제품은 셀 변환 효율이 약 22%에 달하며, 2019년부터 아이코솔라가 양산한 고효율 셀은 22.5%라는 높은 효율을 기록했다.

04

태양 전지 모듈

태양 전지 모듈(Module)은 개별 태양 전지 셀을 전기적으로 직렬 및 병렬로 연결하여 하나의 큰 패널 형태로 구성한 장치를 의미한다. 흔히 태양광 패널 또는 솔라 패널이라고 부르는 것이 바로 이 모듈이다. 일반적으로 60장 또는 72장의 셀이 한 모듈에 포함되며, 각 셀이 5W의 출력을 낼 때 전체 모듈의 출력은 약 300W 내외가 된다. 모듈의 무게는 보통 18kg 전후이며, 가정용, 상업용, 발전소 등 다양한 환경에 맞게 설계된다.

모듈은 단순히 셀을 연결하는 것에 그치지 않고 외부 환경으로부터 보호하고 전기적 안정성을 확보하기 위한 다양한 구조적 요소로 구성된다. 가장 바깥에는 알루미늄 프레임이 모듈 전체를 단단히 지지하며, 태양 전지를 외부 충격과 기후로부터 보호하기 위해 앞뒤로 유리판과 백시트가 부착된다. 또한 셀 사이에는 에틸렌 비닐 아세테이트(EVA)라는 투명 접착 필름이 삽입되어 열과 충격에 대한 내성을 높인다. 이러한 구조를 통해 모듈은 20-30년 동안 안정적으로 작동하도록 설계된다.

여러 개의 모듈이 다시 직렬 또는 병렬로 연결되어 전력을 생산하는 더 큰 단위를 형성하는데, 이를 어레이(Array)라고 부른다. 즉 태양 전지 셀(Cell) → 모듈(Module) → 어레이(Array) 순으로 구조가 확장된다. 어레이는 태양광 발전소와 같이 대규모로 전력을 생산하는 시스템의 핵심 구성 요소가 되며, 인버터와 같은 전력 변환 장치를 통해 직류 전기를 교류로 바꾸어 공급한다.

모듈 변환 효율

최근 수십 년간 태양광 모듈의 변환 효율은 비약적으로 향상됐으며, 이는 고효율 태양광 시스템의 상용화와 보급 확대에 중요한 역할을 해왔다. 2009년에는 일반적인 상용 모듈의 효율이 15-16% 수준이었지만, 2020년에는 SunPower, LG, REC와 같은 제조사들이 20% 이상의 고효율 모듈을 잇달아 출시했다. 특히 SunPower의 Maxeon 3 모듈은 22.6%의 효율을 기록하며 당시 가장 높은 변환 효율을 자랑했다.

2023년 기준으로는 SunPower의 Maxeon 6, LONGi의 Hi-MO 6, Canadian Solar의 HiHero 시리즈 등이 모두 22.6-22.8% 수준

의 변환 효율을 보여주며 기술적 진보가 지속되고 있음을 나타낸다. 모듈 효율 22%대는 동일한 면적에서 더 많은 전기를 생산할수 있음을 의미하며, 특히 공간이 제한된 도심 건물 설치에 큰 장점을 제공한다.

2024년 자료에서는 Maxeon 7과 같은 차세대 모듈이 23.5-24.1%의 효율을 기록하고 있으며, Canadian Solar, REC, QCells, Jinko, Panasonic 등의 글로벌 제조사들 역시 21-23%의 고효율 모듈을 상용화하고 있다. 이처럼 고효율화는 단순한 기술 경쟁을 넘어서, 실제 설치비 절감과 단위 면적당 발전량 증가라는 경제적 이점을 함께 제공하고 있다.

또한, 정부 차원의 지원도 병행되고 있다. 예를 들어 한국 정부는 17.5% 이상의 효율을 기준으로 최저효율제를 도입하여, 일정 기준 이하의 비효율 모듈을 공공 보급 사업에서 배제함으로써 시장 전체의 품질 상향을 유도하고 있다.

모듈의 변환 효율 향상

태양광 모듈의 변환 효율은 지속적으로 향상되어 동일한 면적에서 더 높은 출력을 낼 수 있도록 기술이 발전했다. 초기 모델인 250W급 모듈은 약 15.3%의 변환 효율을 보였으나, 이후 300W(18.3%), 310W(18.9%), 315W(19.2%), 335W(19.6%)를 거쳐 최근에는 360W급 고효율 모듈이 20.8%의 효율을 달성했다.

이러한 효율 향상은 단순히 수치 증가를 의미하는 것이 아니라, 동일한 설치 공간에서 훨씬 더 많은 전기를 생산할 수 있다는 것을 의미한다. 예컨대 옥상 면적이 제한된 주택이나 건물에서는 고효율 모듈을 사용함으로써 전력 자립률을 높이고 전기요금 절감 효과를 극대화하도록 한다. 또한 발전소 단위의 대규모 프로젝트에서는 동일 면적 대비 설치 수를 줄여 자재 비용과 설치비를 절감하는 효과를 가져온다.

태양광 패널의 성능이 점차 향상되는 이유는 여러 기술의 발전 때문이다. 태양광 셀의 구조를 더욱 정교하게 설계하거나, 셀 표면에 특수한 막을 덧씌워 전기가 빠져나가지 않게 하거나, 빛의 반사를 줄여 셀 내부로 더 많이 흡수되도록 하는 코팅 기술이 개발된다.

또한 셀을 반으로 절단해 사용하는 하프셀 기술이나 전류를 모아 전달하는 선(버스바)을 여러 개로 분리하는 멀티버스바 기술 역시 효율을 높이는 데 기여한다. 최근에는 기존보다 더 우수한 성질을 지닌 새로운 형태의 셀을 기반으로 한 첨단 기술들이 도입된다. 이러한 기술들은 공통적으로 태양 전지의 구조와 소재를 개선하여 더 많은 햇빛을 전기로 변환하도록 한다.

일사량과 온도의 영향

태양 전지는 햇빛을 받아 전기를 생산하는 장치이므로, 전력 생산량은 햇빛의 세기(일사량)와 태양 전지 온도에 크게 좌우된다. 햇빛이 강하면 더 많은 전자가 이동하게 되어 전류가 증가하고, 그만큼 전력 생산량도 늘어난다. 반대로 흐리거나 햇빛이 약해질 때 전류가 줄어들어 결과적으로 생산되는 전력도 감소한다.

또한 태양 전지의 온도 역시 성능에 큰 영향을 미친다. 일반적으로 온도가 높아질수록 태양 전지의 전압은 낮아지기 때문에, 동일한 일사량을 받더라도 온도가 높으면 효율이 떨어진다. 따라서 태양 전지는 햇빛이 밝으면서도 기온이 선선한 환경에서 가장 높은 성능을 발휘한다.

태양광 관련 산업 비중

태양광 산업은 국가별 생산 특성과 산업 구조가 다르게 나타나며, 각 세부 공정에서 주요 산업군의 기여도 또한 차이를 보인다. 폴리실리콘 부문은 높은 정제 기술과 청정 제조 환경이 필수적이기 때문에 중국, 독일, 한국 등 고도화된 정밀화학 기술을 보유한 국가들이 생산을 주도한다. 태양 전지 부문은 고효율 셀 제조 기술을 보유한 중국과 대만이 세계 시장 대부분을 점유하고 있으며, 이 부문은 정밀한 반도체 기반 제조 기술을 필요로 하므로 전기·전자 산업의 비중이 매우 크다. 한국 역시 세계 수준의 반도체 및 디스플레이 제조 역량을 기반으로 강점을 보인다. 인버터 부문은 전력 변환 및 제어 기술이 중심이 되는 영역으로, 중국과 프랑스,

독일이 강세를 보인다.

모듈 부문은 다양한 산업과 연계가 가능하며, 조립과 패키징 공정이 중심이 되므로 금속, 유리, 플라스틱과 같은 일반 제조 산업의 비중이 함께 커진다. 특히 중국은 대규모 제조 인프라와 가격 경쟁력을 바탕으로 이 부문에서 세계 최대 생산국으로 부상하며, 한국도 고품질·고효율 모듈 제조를 통해 차별화를 시도한다.

앞서 언급한 네 가지 분야의 동향을 종합하면 중국의 점유율은 모든 분야에서 증가하고 있다. 중국은 태양 전지에서 85% 이상, 나머지 분야에서 78%의 점유율을 기록한다. 한국은 폴리실리콘, 태양 전지, 모듈 부문에서 두 번째 점유율을 차지하지만, 모두 5% 내외의 수준에 머물고 있다.

05

태양 전지 보급

태양광 활용 사례

태양 전지는 전력 생산뿐만 아니라 다양한 산업과 생활 영역에 적용되며, 각국의 기술력과 산업 구조에 따라 그 활용 방식도 다양하게 전개된다. 이 장에서는 도로, 건물, 군사, 위성, 이동 수단 등 다방면에 걸친 태양광 응용 사례를 소개하며, 그 효용성과 한계를 함께 살펴본다.

먼저, 태양광 패널을 도로 표면에 설치하여 전기를 생산하는 '태양광 도로'는 혁신적인 시도로 주목받았으나 내구성 문제와 경제성 부족으로 실효성이 낮다는 평가를 받는다. 따라서 지금까지는 상업적 성공보다는 기술적 과제를 안고 있는 상태라 할 수 있다. 가장 먼저 주목받은 사례는 프랑스의 와트웨이(Wattway) 프로젝트이다. 2016년 노르망디 지역에 세계 최초로 약 1km 길이의 태양광 도로가 개통되었으며 많은 기대를 모았으나, 차량 하중과 마찰에 의한 손상, 기후와 오염에 따른 발전 효율 저하, 높은 유지 보수 비용 등으로 인해 약 2년 만에 실패 사례로 평가되었다. 반면 네덜란드의 솔라로드(SolaRoad) 프로젝트는 상대적으로 성공적인 사례로 꼽힌다. 이 프로젝트는 자전거 도로에 태양광 패널을 적용해 하중 부담을 줄였고, 안정적인 전력 생산이 가능함을 보여주었다. 실제로 연간 약 3,000kWh의 전기를 생산했으며, 이로 인해 세계적으로 기술적 가능성을 인정받았다. 중국 진안시의 태양광 고속도로는 차량이 직접 통행하는 도로에 태양광 패널을 설치한 사례로서 초기에는 많은 관심을 모았으나 개통 직후 패널이 도난당하고 유지 관리 문제로 인해 사업 확장이 중단되었다. 미국 아이다호주의 솔라로드웨이즈(Solar Roadways) 프로젝트는 태양광 패널 위에 강화유리를 덮고 LED 조명과 제설 기능까지 결합한 고기능 도로를 구상했으나, 실제 효율성과 내구성의 한계를 극복하지 못해 상용화에는 실패했다.

이처럼 세계 각국에서 다양한 태양광 도로 프로젝트가 시도되었지만, 공통으로 효율 저하, 높은 시공 및 유지 비용, 내구성 부족 등의 문제가 반복되면서 실질적인 상용화는 쉽지 않은 상황이다.

교통 분야에서 철길을 활용한 사례도 있다. 철도 선로 사이의 침목이 들어가는 곳에 카펫처럼 태양광 패널을 설치하는 방식이다. 스위스의 선웨이즈(Sun-Ways) 사업은 2025년에 뇌샤텔 지역에서 시범 운영을 시작했다. 특수 기차를 이용해 태양광 패널을 기계적으로 설치하거나 필요시 유지 보수를 할 수 있으며, 기차의 속도가 시속 150km에서 운행할 수 있고, 강풍을 고려해서 설치되었다. 현재 시범적으로 설치된 용량은 100미터 철로에 총 18kW이며, 48장의 패널을 설치했다. 영국 뱅크셋 에너지(Bankset Energy) 사례도 있는데, 독일 작센주 등 일부 구간에서 철도의 침목 위에 태양광 모듈을 부착하는 프로젝트를 진행했다. 이렇게 침목에 고정하는 방식으로 눈이 많이 오거나 비가 자주 오는 기후에서 적응력, 그리고 기차 바퀴와 레일에서 발생하는 미세한 쇳가루로 인한 패널의 효율 영향을 방지하기 위한 패널 코팅과 세척 방법도 테스트하고 있다.

한편, 태양 전지를 건축물과 융합하는 건물 일체형 태양광(BIPV) 기술은 태양광 발전 기능을 건축물의 외벽, 지붕, 창호 등과 융합하는 방식으로서 도시 공간 활용, 심미성, 에너지 자립 측면에서 주목받는다. 기존의 태양광 시스템이 별도로 설치되는 것과 달리, BIPV는 건축 자재의 역할을 동시에 수행하므로 도시 내 유휴 공간을 점유하지 않고도 전기를 생산할 수 있는 장점이 있다.

해외에서는 독일 프라이부르크의 솔라파브릭(Solar-Fabrik) 건물이 대표적인 BIPV 사례로 알려져 있다. 이 건물은 지붕과 외벽 전체에 태양광 모듈을 설치하여 연간 에너지 소비의 대부분을 자체적으로 충당한다. 스위스 바젤의 선에이지(SunAge) 사옥은 반투명 유리형 BIPV 모듈을 커튼월에 적용하여 자연 채광과 전기 생산을 동시에 구현했다. 일본 도쿄 신주쿠 도청사 또한 지붕과 외벽 일부에 BIPV 기술을 접목해 고밀도 도심지에서도 에너지 생산이 가능함을 보여주었다. 미국 샌프란시스코의 페리 빌딩도 리노베이션 과정에서 BIPV를 도입해 지속 가능한 도시 재생의 모범 사례로 평가된다.

국내에서도 서울시청 신청사에서는 건물 전면 커튼월에 반투명 태양광 모듈을 적용해 미관을 유지하면서 에너지를 생산한다. 세종시의 LH 본사 건물은 지붕과 외벽에 BIPV를 설치하여 공공 건축물의 에너지 자립을 실현한 사례이다. 서울 길음중학교는 국내 최초로 학교 건물 외벽에 BIPV를 적용한 교육 시설로, 학습 효과와 교육적 활용성을 함께 고려했다. 포스코센터는 철강 기반의 BIPV 외장재를 적용하여 친환경 건축 자재와 에너지 기술의 융합 가능성을 보여주었다.

군사 분야에서도 태양광은 실용적 대안으로 활용된다. 호주 군은 무거운 배터리 대신 태양광 패널을 배낭 형태로 장착해 야전에서 고글, 통신 기기, GPS 등 장비에 전력을 공급하도록 실험을 진행했다. 이는 전력 공급이 제한된 환경에서 태양광이 가지는 장점을 보여준다.

태양광은 위성과 같은 우주 산업에도 필수 에너지원으로 활용된다. NASA는 태양광 드론을 이용해 고도에서 장시간 비행하며 통신 기능을 수행하는 프로젝트를 추진하고 있으며, 미국과 유럽은 이 기술에서 선도적 위치를 차지한다.

또한 태양광은 이동형 에너지 솔루션으로도 주목된다. 캠핑카나 원격지용 전기 차량에 태양광 패널을 탑재함으로써 전력 인프라가 부족한 지역에서도 에너지 자립이 가능하게 한다. 예를 들어 아마존 열대우림 보호 활동, 사막 연구 기지, 국경 감시 등에 활용되는 차량은 원격지용 전기차로 분류되며, 태양광 발전을 통해 운행이 가능해진다.

태양광 미니 발전소

태양광 미니 발전소는 다양한 건축 유형에 적용할 수 있는 분산형 에너지 시스템으로, 도시 내 재생에너지 확대와 온실가스 감축에 중요한 역할을 한다. 서울시는 주택형(약 13kW), 베란다형(50W-1kW 미만), 건물형(1kW 이상), 그리고 건물 일체형 태양광(BIPV, Building Integrated Photovoltaics) 등 여러 방식을 통해 시민 참여를 이끌어 왔다.

베란다형은 소규모 아파트나 단독주택에서 손쉽게 설치할 수 있어 초기 진입 장벽이 낮고 비용 부담도 적다. 주택형은 옥상에 설치해 가정 내 전력 일부를 충당하며, 건물형은 공공청사·학교·병원 등에서 대규모 전력을 생산한다. 또한 BIPV는 외벽·지붕·창호에 태양광 모듈을 통합하는 방식으로 디자인과 에너지 생산을 동시에 실현한다.

이러한 다양한 유형의 미니 발전소는 도시민이 직접 재생에너지 생산에 참여할 기회를 넓히며, 대도시의 탄소 중립 실현에 실질적 기여를 한다.

서울시의 태양광 보급은 2000년대 초 공공기관 옥상 설치 시범 사업으로 시작했다. 이후 2012년 원전 하나 줄이기 정책을 계기로 공동주택과 단독주택 중심으로 확산했고, 2014년부터는 아파트 베란다에 설치하는 소형 발전소가 대표적 시민 참여형 사업으로 부각되었다.

250W급 모듈이 약 10만 원에 설치 가능했던 당시, 참여 가구 수는 매년 꾸준히 늘어났다. 그러나 2022년 이후 정부 정책 변화로 보조금이 축소되면서 베란다형 보급은 급감했다. 대신 2023년부터는 건물형 태양광 중심으로 지원이 전환되었고, 베란다형은 신규 접수가 사실상 중단된 상태다.

2010년대 중반 서울시는 설치비의 절반을 지원하며 미니 발전소 보급을 가속했다. 2016년 기준 250W급 시스템의 설치 비용은 약 39만 원으로 낮아졌고, 2017년에는 개인 부담금이 20만 원으로, 2018년에는 10만 원 수준으로 낮아지며 참여율이 더 높아졌다.

2020-2021년에도 시민 부담은 5만-11만 원 수준으로 낮아졌다. 또한 서울시는 태양 지도 서비스를 운영해 건물별 일사량과 예상 발전량을 시각적으로 제공함으로써 설치 가능성과 경제성을 시민들이 쉽게 확인할 수 있도록 했다.

미니 발전소의 전기요금 절감 효과

베란다 미니 태양광은 실제 전기요금 절감 효과로 경제적 가치를 입증한다. 예를 들어 월 300W 모듈을 설치하면 약 26kWh를 자체 생산할 수 있다. 만약 누진세 구간에서 이 정도의 전력을 감소시킬 수 있다면, 더 많은 전기요금을 절감할 수 있을 것이다. 경제적 이익 외에도 환경적 효과가 크다. 가정에서 300W급 미니 발전소를 설치할 때 1년에 소나무 2.5그루를 심는 효과와 맞먹는 탄소 흡수량을 기대할 수 있다. 또한 약 14가구가 참여하면 경유차 1대가 연간 배출하는 초미세먼지를 상쇄할 정도의 대기질 개선 효과가 발생한다. 따라서 베란다 미니 발전소가 잘 운영될 수 있다면, 도심의 작은 면적에서도 실질적인 전력 생산과 환경 개선을 이루는 대표적인 도시형 분산 발전 모델이라 할 수 있다.

대학의 사례

한국외국어대학교 스마트 도서관은 친환경 에너지 전환을 실천하는 대표적 사례로 꼽힌다. 이 도서관에는 총 126kW 규모의 태양광 패널이 설치되어 있으며, 이를 통해 도서관 전체 소비 전력의 10% 이상을 실시간으로 충당한다. 설치된 태양광 설비는 건물 옥상에 위치하여 하루 동안의 일사량에 따라 지속적으로 전력을 생산한다. 이러한 태양광 발전 시스템은 단순히 전기요금을 절감하는 효과에 그치지 않고, 대학 캠퍼스 전체의 온실가스 배출량을 줄이는 데 기여한다.

전기 사용으로 인한 이산화탄소 배출은 탄소 발자국 계산기 기준에 따라 산출할 수 있으며, 전력 1kWh당 약 0.478kg의 CO_2가 배출된다. 따라서 한국외대 스마트 도서관의 태양광 설비가 연간 수십 MWh의 전기를 생산한다고 가정할 경우, 상당한 양의 이산화탄소 배출량을 줄이는 효과를 얻는다.

재생에너지의 변동성과 간헐성

재생에너지가 널리 보급되면서 언제 어디서나 햇빛과 바람으로 전기를 생산할 수 있었지만, 그만큼 전기의 생산량이 일정하지 않고 예측하기 어려운 문제가 발생한다. 날씨에 따라 발전량이 크게 달라지므로 전력망이 불안정해질 수 있으며, 이러한 문제를 변동성과 간헐성이라고 부른다. 태양광이나 풍력 중심의 전력 시스템에서는 반드시 해결해야 할 과제이다.

이 문제를 보완하기 위해서는 유연성 자원이 필요하다. 유연성 자원이란 상황에 따라 전기를 저장하거나 꺼내 쓸 수 있는 기술을 의미하며, 대표적인 예로 에너지 저장 장치(ESS), 전기 사용량을 조절하는 수요 응답 정책(DR), 그리고 최근 주목받는 가상 발전소(Virtual Power Plant, VPP)가 있다.

가상 발전소는 눈에 보이는 실제 시설이 있는 것이 아니라, 정보통신기술(ICT)을 활용하여 여러 개의 소규모 전력 자원을 하나로 묶어 마치 발전소처럼 운영하는 개념이다. 태양광 패널, 에너지 저장 장치, 전기차 배터리 등을 하나의 시스템처럼 관리하여 필요한 시간에 전기를 공급하거나 줄일 수 있도록 조정한다. 인공지능, 사물 인터넷(IoT), 클라우드와 같은 기술들이 가상 발전소 운영의 핵심 역할을 담당하며, 많은 재생에너지 자원을 하나의 큰 발전소처럼 가상으로 묶어 지능적으로 운영하는 방식이라 할 수 있다.

출력 제어

재생에너지 보급이 확대되면서 남는 전기를 처리하지 못하는 문제인 출력 제어가 점점 심각해지고 있다. 출력 제어란 태양광이나 풍력처럼 전기를 많이 생산하는 시간에 전력 송전망이 이를 감당하지 못해 발전량을 인위적으로 줄이거나 중단하는 것을 의미한다.

대표적인 사례는 제주도로, 재생에너지 출력 제어 횟수가 2018년 15회에서 2023년 181회로 급증했다. 이는 재생에너지로 생산한 전기의 상당량이 실제로는 사용되지 못하고 버려졌음을 뜻한다. 이로 인해 재생에너지 발전 사업자들은 전기를 생산하지 못해 손해를 보았고, 손실 금액은 수십억 원에서 수백억 원까지 늘어났다. 특히 제주도의 경우 2023년에는 약 600억 원 규모의 손실이 발생한 것으로 추정된다.

이러한 상황은 재생에너지를 확대하더라도 전기를 효과적으로 사용하지 못하면 경제적으로 큰 손실로 이어질 수 있음을 보여준다. 이에 정부는 대응 방안을 마련하고 있으며, 우선 90kW 이상 태양광 설비에는 인버터 성능 개선을 의무화하고 있다. 또한 에너지 저장 장치 보급을 확대하여 잉여 전력을 저장하고 활용할 수 있도록 유도하고 있다.

전력 계통을 효과적으로 개선하기 위해 정부는 여러 가지 방안을 추진하고 있다. 첫째, 송전선 건설에 걸리는 시간을 줄이기 위해 허가 절차를 간소화하고 행정 처리를 효율화하여 과거 13년 걸리던 건설 기간을 약 30% 단축해 9.3년으로 줄일 계획이다.

둘째, 에너지 저장 장치를 적극적으로 활용한다. 에너지 저장 장치는 전기를 저장했다가 필요할 때 사용하는 시스템으로, 재생 에너지의 간헐적 특성을 보완하는 데 유용하다. 정부는 이를 통해 2036년까지 유연화 전원의 비중을 현재 31%에서 62%로 두 배 확대할 방침이다.

셋째, 새로운 송전선 건설을 줄이기 위해 기존 전력망을 더욱 효율적으로 활용하는 방안도 추진된다. 구체적으로는 기존 전력망의 활용률을 높여 송전선 건설 규모를 10% 줄이는 것을 목표로 하며, 이는 현재 63% 수준인 전력망 사용률을 53%까지 낮추는 전략에 해당한다.

에너지 저장 장치

에너지 저장 장치는 전기를 저장했다가 필요할 때 다시 사용하는 장치이다. 주로 태양광이나 풍력처럼 날씨에 따라 발전량이 달라지는 재생에너지의 단점을 보완하기 위해 사용된다. 낮에 햇빛이 강해 전기를 많이 생산할 때 저장해 두었다가 밤이나 흐린 날처럼 전기 생산이 줄어드는 시간에 다시 꺼내 쓸 수 있도록 하는 역할을 한다.

우리나라의 에너지 저장 장치 설치 용량은 2022년 기준 약 4,100MW로 미국(11,700MW), 중국(10,900MW)에 비하면 아직 작은 규모이다. 산업통상자원부는 2030년까지 6,000MW로 확대하겠다는 전략을 세우고 있으며, 같은 시기 미국은 123,000MW, 중국은 175,000MW까지 확대할 것으로 전망된다. 이는 각국이 재생에너지 확대와 전력 계통 안정성을 동시에 확보하기 위해 에너지 저장 장치에 적극적으로 투자하고 있음을 보여준다.

국내 연간 설치량을 보면 2018년에는 약 3,836MWh가 설치되었으나 이후 줄어들어 2022년에는 약 252MWh에 그쳤다. 초기에는 정부 보조금과 함께 빠르게 확산했으나, 이후 화재 문제와 사업성 저하로 성장세가 둔화한 것으로 분석된다.

덕 커브

덕 커브(Duck Curve)는 태양광 발전이 널리 보급된 미국 캘리포니아에서 나타난 전력 수요 패턴 변화를 보여주는 그래프이다. 이 곡선은 하루 동안 전력망에서 태양광을 제외한 다른 발전원이 얼마나 전기를 공급해야 하는지를 나타내며, 그래프 모양이 오리

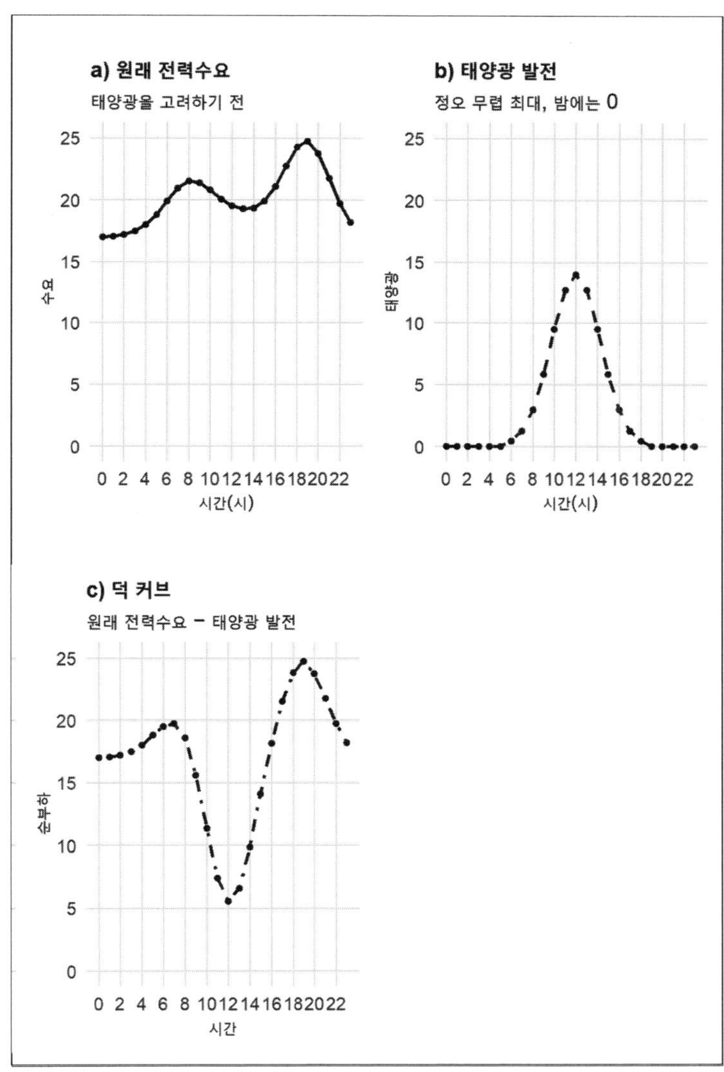

그림 3 · 태양광 발전 보급에 따른 전력수요 변화 예시

출처: 저자 그림

(duck)와 닮아 붙여진 이름이다.

그래프를 보면 아침과 저녁에는 전력 수요가 높고, 태양광 발전이 활발한 낮에는 태양광 덕분에 다른 발전원의 공급이 크게 줄어든다. 그러나 해가 지는 오후 4시 이후에는 태양광 발전이 급격히 감소하기 때문에 다른 발전원들이 갑자기 많은 전력을 공급해야 한다. 이처럼 짧은 시간에 발전량을 급격히 늘려야 하는 현상을 램프업(ramp-up)이라고 부르며, 기존 전력 시스템에 큰 부담을 준다.

특히 2020년 이후에는 태양광 발전 확대와 함께 낮에 전력 공급이 수요를 초과하는 전력 과잉(Potential over generation) 현상이 발생하기도 한다. 이러한 문제는 남는 전기를 저장할 수 있는 에너지 저장 장치가 부족하거나 유연하게 전력을 조절할 수 있는 시스템이 없을 때 심각해진다.

덕 커브는 단순히 태양광의 장점을 보여주는 것이 아니라, 재생에너지가 많아질수록 전력망 운영 방식도 함께 바뀌어야 함을 강조한다. 에너지 저장 장치, 수요 반응, 가상 발전소 같은 유연한 자원이 필요하며, 이러한 변화가 없다면 재생에너지 확대가 오히려 전력 시스템의 불안정성을 초래할 수 있다.

태양열 발전

태양열 발전은 태양광 발전과는 다른 방식으로 전기를 생산한다. 태양광 발전이 태양 빛을 직접 전기로 바꾸는 방식이라면, 태양열 발전은 태양 빛을 모아 열에너지로 전환한 뒤, 이 열을 이용해 물을 끓이고 증기를 발생시켜 터빈을 돌려 전기를 생산한다. 이는 석탄이나 가스를 태워 물을 끓여 전기를 만드는 전통적인 화력 발전 방식과 유사하나, 연료 대신 햇빛을 사용한다는 점에서 차이가 있다.

태양열 발전의 핵심은 집열판과 흡수 장치다. 넓은 부지에 수천 개의 거울을 설치하고, 이 거울들은 햇빛을 한 지점으로 집중시켜 매우 높은 온도를 만든다. 발생한 열은 합성 윤활유나 소금과 같은 열매체를 가열하는 데 사용되며, 가열된 열매체는 열교환기를 통해 물을 끓이고, 생성된 증기로 터빈을 돌려 발전기를 작동시킨다.

이 방식의 중요한 장점은 열저장 장치를 통해 낮 동안 모은 열을 저장해 두었다가 밤에도 전기를 생산할 수 있다는 점이다. 따라서 전기가 낮에만 생산되는 태양광 발전의 한계를 보완하며, 특히 사람들이 전기를 많이 사용하는 저녁 피크 시간대에 맞추어 공급함으로써 전력 수급 안정에 기여한다.

실제로 호주의 솔라리저브(SolarReserve) 프로젝트는 태양열 발전의 대표 사례로 꼽히며, 고온의 소금에 태양열을 저장해 밤에도 안정적으로 전기를 공급할 수 있는 시스템을 갖추고 있다.

태양열 발전 종류

태양열 발전은 햇빛을 모아 고온의 열에너지로 전환하고, 그 열을 통해 물을 끓여 증기를 만들고 터빈을 구동시켜 전기를 생산하는 방식이다. 기본 원리는 같지만, 태양 빛을 모으는 구조와 기술에 따라 여러 방식으로 구분된다. 대표적으로 타워형, 라인형, 접시형 발전 방식이 있다.

타워형 발전(Solar Power Tower)은 수백에서 수천 개의 헬리오스탯이라는 반사경이 태양을 따라 움직이며 햇빛을 중앙 수신 타워 상단에 집중시키는 방식이다. 수신기 내부에는 용융염과 같은 열매체가 흐르며, 이 물질은 최대 1,000°C까지 가열된다. 이렇게 얻은 고온의 열로 물을 끓여 증기를 만들고, 증기를 이용해 터빈을 돌려 전기를 생산한다. 이 방식은 높은 온도와 대규모 시스템 덕분에 발전 효율이 약 25%에 달하며, 열저장 장치를 함께 사용하면 해가 진 후에도 발전할 수 있어 재생에너지의 간헐성을 보완한다.

스페인의 제마솔라(Gemasolar) 발전소가 대표적 사례로, 실제로 야간에도 전력을 공급한다. 다만 태양 추적 시스템이 필요하고 설치 면적이 크기 때문에 주로 넓은 평지에서 대규모로 활용된다.

또 다른 방법으로 라인 집중 방식이 있다. 라인 집중 방식 중 구유형 태양열 발전은 현재까지 가장 널리 사용되는 대규모 태양열 발전 방식이다. 곡면 반사경을 길게 배열해 태양광을 한 선으로 집중시키는 원리를 활용한다. 반사경은 해를 따라 동서 방향으로 회전하며, 반사된 햇빛은 중심부 집열관에 모인다. 집열관에는 합성 오일이나 용융 소금 등 열매체가 흐르며, 집광된 태양열을 흡수해 350-415°C까지 가열된다.

가열된 열매체는 열교환기를 통해 물을 끓여 증기를 만들고, 이 증기로 터빈을 구동시켜 전력을 생산한다. 구유형 방식은 구조가 단순하고 대규모 설치가 가능하여 사막이나 평지에 적합하다. 미국, 스페인, 중국 등의 대형 발전소에서 활용되며 실용성과 안정성이 높게 평가된다.

라인 집중 방식의 또 다른 발전인 프레넬형 발전은 구유형과 유사한 원리로 작동하지만 구조와 재료가 더 단순하고 경제적이라는 특징이 있다. 곡면 반사경 대신 평면거울들을 배열해 집열관에 태양광을 집중시킨다. 집열관은 여러 개의 평면거울에서 반사된 햇빛을 흡수해 열에너지를 얻으며, 열매체를 통해 물을 끓여 증기를 만들고 터빈을 구동한다.

프레넬형은 발전 효율은 다소 낮지만, 평면거울을 사용해 제작 비용이 저렴하고 설치가 간단하다는 장점이 있다. 또한 구조가 낮고 공간 활용도가 높아 좁은 지역이나 산업단지 옥상에도 설치할 수 있다. 열 온도는 270-500℃ 수준이며, 효율은 구유형보다 낮지만, 초기 투자비와 유지 관리 비용이 적기 때문에 경제성과 실용성이 강조된다. 초점 거리가 짧고 구조물이 낮아 강풍에도 안정성을 확보할 수 있다.

접시형 발전(Solar Dish/Engine)은 위성 안테나처럼 생긴 반사판을 이용해 태양 빛을 한 점에 집중하는 방식이다. 반사판은 태양의 위치를 따라가며 햇빛을 모으고, 집광된 태양열은 중앙 수신부에 모여 약 800도 이상의 고온으로 집중된다. 이 열은 스털링 엔진이나 소형 터빈을 구동시켜 전기를 생산한다.

접시형은 구조가 작고 독립적인 유닛으로 구성되기 때문에 분산형 발전에 적합하다. 외딴 지역이나 소규모 전력 수요가 있는 곳에서 유용하게 활용되며, 하나의 터빈만으로도 작동할 수 있다. 또한 시스템 전체가 태양의 위치를 추적해 높은 집광 효율을 유지한다. 다만 초기 설치 비용이 많이 들고 정밀한 추적 장치가 필요하므로 유지 관리에 주의를 기울여야 한다.

우리나라에서도 대구에 태양열 발전소를 시범적으로 운영했다. 대구 태양열 발전소는 2008년부터 2013년까지 추진된 국내 대규모 태양열 발전 시범 사업으로 약 116억 원의 예산이 투입되어 200kW급 태양열 타워형 시스템으로 조성되었다. 이 시설은 2011년에 완공되었으며, 총 450개의 반사경(각 2미터가량)을 활용해 태양 빛을 타워 꼭대기의 수신부로 모아 전기를 생산하는 구조를 갖추었다.

그러나 실제 발전 성과는 기대에 미치지 못했다. 시스템 용량은 200kW였으나, 실제 일일 발전량은 20-50kW에 불과하여 설계 대비 효율이 크게 떨어졌다. 낮은 발전 효율과 유지 관리의 어려움, 그리고 기술적 한계 등이 복합적으로 작용하면서 결국 이 시설은 2019년 12월에 철거되었다.

태양열 발전은 친환경적이고 탄소 배출이 거의 없는 장점을 가지지만, 환경적 측면에서 몇 가지 고려해야 할 문제가 존재한다. 먼저, 토지 이용 문제가 발생한다. 태양열 발전소는 햇빛을 잘 받을 수 있는 넓은 지역이 필요해서 주로 사막이나 건조 지대를 중심으로 설치된다. 그러나 이러한 지역은 겉보기와 달리 다양한 생물종이 살아가는 생태적으로 중요한 서식지이기도 하다. 예를 들어 미국 캘리포니아 사막 지역에 설치된 태양열 발전소는 사막 거북이와 같은 희귀종의 서식지 파괴 우려를 불러일으켰다. 발전소를 세우기 위해 땅을 다지고 반사경이나 구조물을 설치하는 과정은 원래의 토지 상태를 변화시키며, 생태계에 장기적 영향을 끼치기 때문이다.

또한 새들도 영향을 받을 수 있다. 특히 타워형 태양열 발전소에서 두드러지는데, 수천 개의 거울이 한 지점으로 태양 빛을 집

중시키다 보니 그 지역을 지나는 새들이 고온의 빛에 의해 화상을
입어서 죽거나 다치는 사례가 보고된다. 미국에서는 이를 조류 소
각(Bird Frying) 현상이라고 부른다.

제 6 장

바람 에너지

01

바람의 힘

풍력의 역사는 인류 문명만큼 오래되었다. 가장 이른 시기는 약 기원전 10,000년경으로, 인류는 바람의 힘을 활용하여 돛단배를 운항하며 바다를 건너는 항해 기술을 발전시켰다. 이는 바람을 이용한 에너지 활용의 시작으로 볼 수 있으며, 이후 인류는 바람의 힘을 점차 다양한 방식으로 응용했다.

로마 시대에는 바람을 이용한 초기 풍차가 등장했다. 이 시기의 풍차는 주로 물을 채수하기 위한 양수용 풍차로, 농업용수 확보에 중요한 역할을 했다. 풍차의 등장은 바람이 단순히 이동 수단을 넘어서 생활 기반을 위한 에너지로 전환되기 시작한 중요한 계기였다.

그리고 950년경 페르시아에서는 회전문 형태의 풍차가 나타났다. 이 풍차는 수직축을 중심으로 회전하며 곡물을 빻는 데 사용되었고, 현대 풍력 기술의 초기 형태와 유사하다.

네덜란드에서는 14세기 무렵 풍차가 곡물을 빻고, 하천의 수위를 조절하고 간척지에서 물을 퍼내는 등 다양하게 활용되었다. 이렇게 산업혁명 이전까지 풍차는 유럽 전역에서 곡물 제분, 수차 구동, 양수 등에 지속적으로 사용되었다.

이 외에도 풍차는 광산에서 공기를 순환시키거나 광물을 분쇄하는 데 쓰였고, 목재와 종이를 가공하거나 인쇄 기계의 동력원으로도 활용되었다. 오늘날 전기 모터가 다양한 기계를 움직이는 역할을 한다면, 과거에는 풍차가 그러한 역할을 담당했다고 볼 수 있다.

바람을 이용한 전기의 생산

풍차는 전기를 만들지는 않지만 바람의 힘을 곧바로 활용하여 생산 활동을 가능하게 했기 때문에 직접 이용의 대표적 사례라 할 수 있다. 반면, 현대 사회에서 널리 보급된 풍력 발전은 간접 이용 방식이다. 바람이 풍력 터빈의 날개를 회전시키면, 이 회전 운동이 발전기를 거쳐 전기 에너지로 바뀐다. 이렇게 생산된 전기는 가정과 산업 시설 등에 공급되어 다양한 전기 제품을 가동하는 데 사용된다. 즉, 바람의 에너지를 전기로 변환하여 활용하는 것이므로 간접 이용이라고 부른다.

바람을 기계적 에너지가 아닌 전기 에너지로 활용하려는 시도는 전기 기술의 발달과 함께 본격화되었다. 1887년 영국 글래스고의 블리스(James Blyth) 교수는 가장 이른 시기의 풍력 발전기 실험을 진행한 인물로 알려져 있다. 그는 실용적인 풍력 발전기를 제작하여 가정용 조명에 전기를 공급했다.

이듬해인 1888년 미국 오하이오주의 찰스 브러쉬(Charles F. Brush)는 풍력 발전 역사에서 중요한 전환점을 마련했다. 그는 직경 50미터의 회전날개 144개를 가진 대형 풍차를 개발했고, 이를 통해 12kW의 전력을 생산하여 300개의 백열등과 408개의 유리병 충전지에 공급했다. 이 발전기도 20년 이상 사용되었으며, 세계 최초의 상용 풍력 발전기 중 하나로 평가된다.

1890년대에는 덴마크에서 폴 라쿠르(Poul La Cour) 교수가 풍력 연구소를 설립하여 체계적인 연구를 진행했다. 그는 기상 관측과 풍력 터빈 설계를 병행하며 오늘날 덴마크가 풍력 강국으로 자리 잡는 기초를 마련했다. 같은 시기 프랑스에서는 샤를 드 고용(Charles de Goyon)의 공장에서 12미터 규모의 풍차 발전기 실험이 진행되면서, 유럽 전역에서 바람을 전력으로 바꾸려는 시도가 활발하게 이루어졌다.

20세기에 들어서면서 미국에서는 풍력 발전의 상업화가 시작되었다. 1927년 제이컵스 윈드(Jacobs Wind) 사가 풍력 발전기를 판매하기 시작했고, 1941년 버몬트에서 1.25MW급 대형 풍력 발전기가 등장하면서 산업용 전력 생산의 가능성이 현실화되었다.

1970년대 석유 파동을 계기로 대체 에너지에 대한 세계적 관심이 증대되면서 풍력 발전 기술도 급속히 발전했다. 특히 미국과 덴마크는 상업용 풍력 터빈 개발에 적극적으로 투자하며 현대 풍력 발전기의 기반을 다졌다. 1980년대에는 미국 캘리포니아주 알타몬트 패스(Altamont Pass)에 4,930기의 풍력 터빈이 설치되었고, 총 576MW 규모의 발전 단지가 조성되어 화력 발전소에 견줄 만한 전력 공급이 이루어졌다.

21세기에 들어 풍력 발전은 친환경 에너지로서 핵심 역할을 했다. 유럽에서는 2000년대 이후 육상뿐 아니라 해상 풍력(offshore wind)이 급격히 성장했다. 독일, 영국, 덴마크, 네덜란드 등은 정책적 지원을 바탕으로 초대형 풍력 단지를 운영하고 있다. 최근에는 부유식 풍력(floating wind) 기술이 개발되어 심해 자원의 활용 가능성이 확대되었다. 스코틀랜드에서는 약 100미터 수심에서 부유식 풍력을 설치했으며, 프랑스, 노르웨이, 일본도 200-500미터 수심에서 실증 단계를 진행하고 있다.

현대 풍력 터빈의 종류

현대 풍력 발전 기술은 과거의 단순한 풍차에서 벗어나 매우 다양하고 진보된 형태로 진화했다. 오늘날에는 지형과 환경에 맞게 다양한 형태의 풍력 터빈이 개발되었으며, 그중 대표적인 것이 수직축 풍력 터빈인 다리우스(Darrieus) 풍력 터빈과 대형 수평축 풍력 터빈이다.

다리우스 풍력 터빈은 1931년 프랑스의 조르주 장 마리 다리우스(Georges Jean Marie Darrieus)가 고안한 것으로, 수직축을 중심으로 날개가 회전하는 구조로 되어 있다. 이 방식은 바람의 방향에 구애받지 않고 회전할 수 있는 장점이 있어 바람의 방향이 일정하지 않은 지역에서도 안정적인 운전이 가능하다. 실제로 캐나다 퀘벡주의 가스페(Gaspé) 지역에 다리우스형 풍력 터빈이 설치되어 운영된 사례가 있으며, 복잡한 해안가 바람 조건에서도 성능이 검증되었다. 또한 다리우스 터빈은 발전기를 지상에 설치할 수 있어 유지 관리에 유리하다는 장점이 있다. 그러나 기계적 충격이 커서 상업적 대규모 보급에는 한계가 있으며, 소규모 또는 실험적 용도로 주로 활용되고 있다.

수평축 풍력 터빈은 우리가 흔하게 보는 형태로 바람의 힘을 날개의 회전 에너지로 전환하고 이를 통해 전기를 생산한다. 구조가 단순하면서도 효율이 높아 현재 전 세계 풍력 발전의 대부분이 이 방식에 기반을 두고 있다. 수평축 풍력 터빈은 육상과 해상 모두에 설치할 수 있으며, 바람이 지속적으로 불고 넓은 부지가 확보되는 지역에서는 대규모 풍력 단지가 조성되어 높은 전력 생산량을 달성한다.

대표적인 수평축 풍력 발전소로는 미국 캘리포니아주의 알타몬트 패스(Altamont Pass)가 있다. 이곳은 1980년대 초반 세계 최초의 대규모 풍력 단지로 조성되어 상징적 의미가 있다. 또한 중국 간쑤성의 풍력 단지는 세계 최대 규모의 육상 풍력 단지 중 하나로, 수십 GW에 달하는 발전 용량을 갖추고 있다. 유럽에서는 독일 북해의 해상 풍력 단지가 대표적이며, 해양의 안정적인 바람을

그림 1 · 다리우스 풍력 터빈, 수평축 풍력 터빈

출처: 위키미디어 커먼즈, Pixabay

활용해 유럽 재생에너지 공급의 중요한 축을 담당한다.

아프리카에서도 수평축 풍력 기술은 점차 확산하고 있다. 케냐 북부 터카나 호수 풍력 발전소(Lake Turkana Wind Power Project)는 약 300MW 규모의 용량을 보유한 아프리카 최대 풍력 단지로서, 지역 사회의 안정적인 전력 공급에 기여하고 있다.

윈드 커브

윈드 커브(wind curve)는 풍력 터빈이 바람의 세기에 따라 얼마나 많은 전력을 생산하는지를 나타내는 출력 특성 곡선이다. 윈드

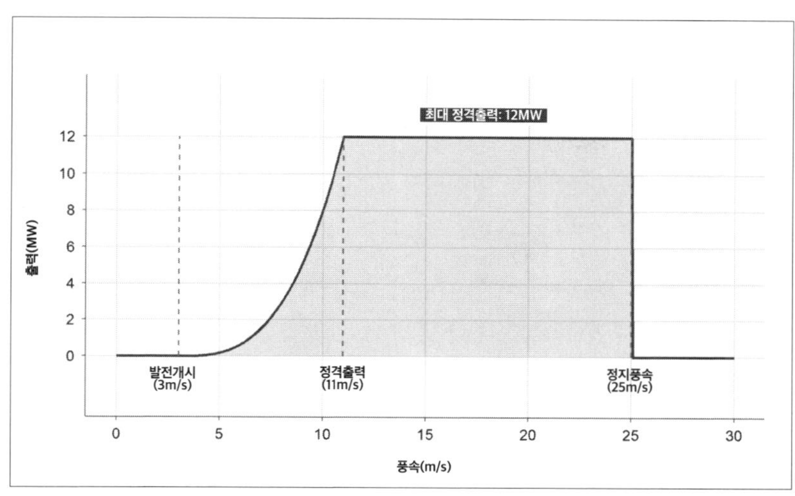

그림 2 · 윈드 커브

출처: 저자 그림

커브는 풍력 터빈의 효율과 운전 특성을 이해하는 데 가장 기본적인 자료이다. 윈드 커브 그림은 풍력 터빈(GE Haliade-X 12MW)의 출력 곡선을 나타낸 것이다. 이 곡선은 풍속 변화에 따라 출력이 어떻게 증가하고, 일정 수준에서 유지되며, 안전을 위해 정지하는 과정을 단계적으로 보여주는 사례다.

풍력 터빈은 바람이 일정한 세기 이상으로 불 때 발전을 시작하며, 바람의 세기에 따라 출력이 달라진다. 전력을 생산하기 위해서는 일정 풍속 이상의 바람이 불어야 터빈이 회전하여 발전을 시작한다. 일반적으로 풍속이 약 3m/s에 도달하면 터빈이 회전을 시작하며 발전이 가능해진다. 이 구간을 발전 개시 풍속 구간이라

하며, 바람의 에너지가 발전기로 전달되기 시작한다. 이때 출력은 매우 적지만, 풍속이 증가할수록 출력도 함께 증가한다.

바람이 강해질수록 터빈은 더 많은 전력을 생산한다. 그러나 풍속이 특정 수준에 이르면 발전량은 터빈의 최대 출력에 도달하고, 이후 바람이 더 세어져도 출력은 일정하게 유지된다. 그림에서 풍속이 증가하여 약 11m/s에 도달하면 터빈은 최대 출력인 12MW에 도달한다. 이 지점을 정격 출력 풍속이라 하며, 이 이후부터는 바람이 더 강해져도 출력은 더 이상 증가하지 않고 일정하게 유지된다. 발전기는 출력 제어를 통해 안정적인 전력 생산을 지속한다.

풍속이 약 25m/s를 넘으면 터빈은 구조물 보호를 위해 자동으로 정지한다. 이 구간을 정지 풍속 구간이라 하며, 강풍으로 인한 사고를 예방하기 위한 안전 운전 구간이다.

풍력 터빈의 발전

1980년대의 초기 풍력 터빈인 55kW급(Vestas V15, 1982년)은 낮은 출력 수준에서 완만한 곡선을 나타내는데, 이는 기술 초기 단계의 한계를 보여준다. 1990년대에 들어 500kW급과 1MW급 터빈이 등장하면서 출력 곡선의 높이가 눈에 띄게 상승한다. 이는 발전기 용량과 블레이드 설계가 크게 개선되었음을 의미한다. 2000년대 이후에는 2MW, 3MW, 5MW급 터빈이 상용화되면서 곡선의 높이가 빠르게 증가한다. 이 시기의 터빈들은 비교적 낮은 풍속에

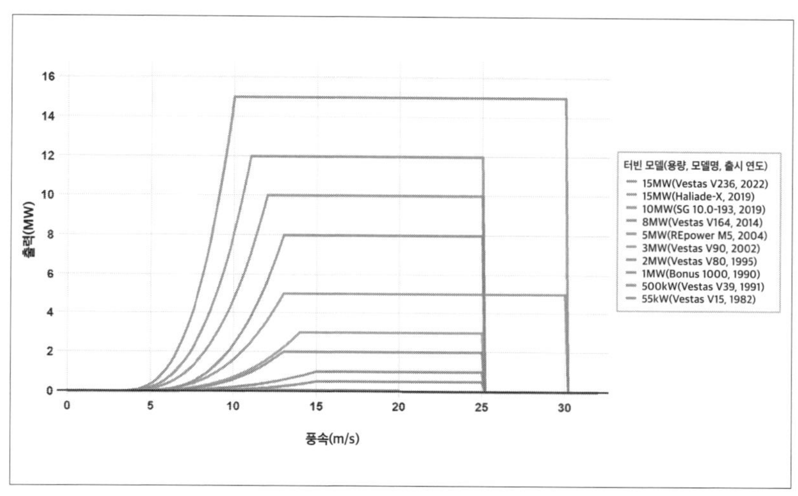

그림 3 · 풍력 터빈 기술의 진화: 1980년대부터 현재까지

출처: IRENA(2023)

서도 안정적으로 발전을 시작하며, 정격 출력 구간이 길어져 연간 발전량이 많이 증가한다.

2010년대 이후에는 8MW, 10MW, 12MW급 대형 해상 풍력 터빈이 등장하면서 곡선의 상단이 더욱 높아진다. 최신 대형 터빈(15MW 등)일수록 곡선이 왼쪽에서 더 가파르게 상승한다. 과거 모델들은 최대 출력을 내기 위해 초속 약 13-15m/s 이상의 강한 바람이 필요했다. 하지만 최신형 모델들은 블레이드(날개) 대형화 기술을 통해 초속 10-11m/s 정도의 바람에서도 이미 최대 출력인 정격 용량에 도달할 수 있다. 또한 대부분의 터빈이 초속 25m/s에서 안전을 위해 발전을 중단하지만, 5MW(REpower M5)나

15MW(Vestas V236) 같은 해상 풍력 특화 모델들은 초속 30m/s의 강풍 속에서도 발전을 멈추지 않고 견디도록 설계되어서, 연간 가동률을 높이는 데 기여하고 있다.

즉, 최근 대형화 추세의 터빈은 좀 더 낮은 풍속에서도 빠르게 출력이 증가하고, 정격 출력 구간이 길게 유지되며, 고풍속 구간에서도 안정적인 제어를 통해 대규모 전력 생산이 가능하게 되었다.

바람의 영향

전 세계 바람 자원의 분포는 지구의 기후대와 대기 순환 구조와 밀접한 관련이 있다. 바람이 가장 강하게 부는 지역은 주로 적도 양쪽의 아열대 고기압대, 즉 무역풍 지역과 극지방 인근의 편서풍 지역이다. 바람 자원이 특히 풍부한 곳은 해안 지역과 대륙 가장자리로 나타나며, 유럽 북해, 미국 대평원, 중국 내몽골 고원, 남미 파타고니아 등에서 활발하게 풍력 발전이 이루어진다.

바람은 공기의 흐름으로서 주로 기온 차이, 지구의 자전, 그리고 지형의 특성에 의해 형성된다. 이 세 가지 요소는 서로 복합적으로 작용하여 바람의 세기와 방향을 결정한다.

첫 번째 원인은 태양이 지구 표면을 고르게 가열하지 않는다는 점이다. 지역마다 햇빛을 받는 양이 달라 지표면의 온도 차이가 발생하며, 이로 인해 공기의 밀도 차이가 생긴다. 따뜻한 공기는 위로 상승하고, 차가운 공기는 아래로 가라앉으면서 대류 순환이 일어나고, 이 과정에서 바람이 만들어진다. 이러한 바람은 자연적으로 발생하는 가장 기본적인 공기의 흐름이며 대규모 대기 순환의 주요한 원인이 된다.

두 번째 요인은 지구의 자전이다. 지구는 하루에 한 바퀴씩 회전하며, 적도 부근에서는 초속 약 463미터, 시속 1,600킬로미터의 속도로 움직인다. 이러한 회전 운동은 공기의 흐름에 영향을 주어 단순히 직선으로 이동하지 못하게 하고, 회전 방향에 따라 경로가 굽어지게 만든다. 이를 코리올리 효과(Coriolis effect)라 하며, 바람의 방향을 바꾸는 중요한 요인으로 작용한다. 북반구에서는 바람이 오른쪽으로 굽어지고, 남반구에서는 왼쪽으로 굽어지는 경향을 보인다.

마지막 요인은 지형의 형태와 구조이다. 산이나 골짜기, 도시의 고층 건물과 같은 구조물은 바람의 흐름을 바꾸거나 속도를 변화시킨다. 특히 도심에서는 고층 건물 사이의 좁은 공간을 따라 바람이 집중되면서 강한 바람이 발생하는 경우가 많다. 이러한 현상은 빌딩풍(wind canyon effect)이라 불리며, 사람들의 보행 안전에도 영향을 미친다.

빌딩풍

고층 건물이 밀집된 도심에서는 건물 사이를 지나는 바람이 좁은 공간을 통과하며 속도가 빨라지는 빌딩풍 현상이 자주 발생한

그림 4 · 스트라타 빌딩, 바레인 세계무역센터

출처: 위키 커먼즈, Pixabay

다. 최근에는 이러한 바람의 흐름을 풍력 발전에 활용하려는 시도가 이루어지고 있으며, 실제 건축 설계에 반영된 사례도 나타나고 있다. 대표적인 예로는 영국 런던의 스트라타 빌딩(Strata SE1)과 바레인의 세계무역센터(Bahrain World Trade Center)가 있다.

영국 런던에 있는 스트라타 빌딩은 43층 높이의 고층 주거용 건물로, 건물 꼭대기에 풍력 터빈 3기를 설치하여 도심 속 빌딩풍을 전력 생산에 이용한다. 이 터빈들은 건물 전체 에너지 소비의 약 8%를 충당하고 있으며, 빌딩풍을 실제 전력 생산에 효과적으로 활용한 선도적 사례로 주목받는다.

중동 바레인에 있는 세계무역센터는 세 개의 타워로 구성되며,

각각 60m, 98m, 130m 높이를 가진다. 이 건물은 두 타워 사이에 대형 풍력 터빈을 설치하여 바람이 집중될 수 있도록 구조적으로 설계되었다. 이를 통해 건물 전체 소비 에너지의 약 11%에서 최대 15%까지를 자체적으로 생산하며, 지속 가능한 건축 설계의 모범적 사례로 평가된다.

한반도의 풍력 자원

앞에서 설명한 바람의 형성과 대기 순환의 원리를 바탕으로 보면, 한반도의 풍력 자원 분포 역시 이러한 기후 구조와 지형 조건의 영향을 뚜렷하게 반영한다. 한반도의 풍력 자원은 지역별로 뚜렷한 차이를 보인다. 전반적으로 내륙보다는 해안과 도서 지역에서 평균 풍속이 높게 나타난다. 이는 바다 위에서 형성된 바람이 육지로 유입되면서 마찰이 적은 해상 구간을 지나 강한 에너지를 유지하기 때문이다.

서해안과 남해안, 그리고 동해안 일대는 비교적 풍부한 풍력 자원을 보유한 지역으로 나타난다. 특히 서해안은 넓은 대륙붕과 완만한 수심 구조로 되어 있어 해상 풍력 개발에 유리한 조건을 갖춘 지역이다. 남해안 역시 섬이 많고 해협이 발달해 있어 바람이 집중되며, 안정적인 풍속 분포를 형성한다.

동해안은 산맥과 해안이 맞닿아 있는 지형적 특성으로 인해 국지적으로 강한 바람이 형성되는 구간이 많다. 태백산맥을 넘는 기

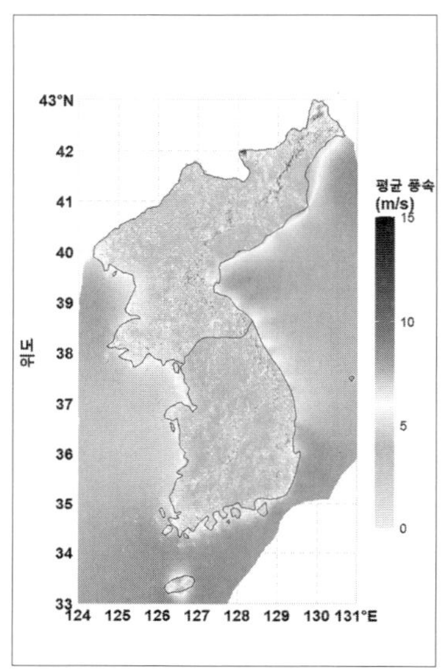

그림 5 · 한반도 풍력 자원(상층 100M)

출처: Global Wind Atlas(GWA)

류가 해안으로 내려오면서 가속되는 현상이 나타나며, 이로 인해 풍력 발전에 유리한 조건이 만들어진다.

반면 수도권과 중부 내륙, 남부 내륙 지역은 평균 풍속이 상대적으로 낮게 나타난다. 이는 산지와 도시, 농경지가 혼재한 복잡한 지형 구조로 인해 바람의 흐름이 분산되고 지표 마찰이 커지기 때문이다. 이러한 지역에서는 대규모 풍력 단지보다는 소규모 분산형 풍력이나 보조 전원 형태의 활용이 더 적합하다.

제주도는 한반도에서 가장 풍부한 풍력 자원을 보유한 지역으로 나타난다. 사면이 바다로 둘러싸인 섬 지형과 한라산을 중심으로 형성되는 국지풍의 영향으로 연중 비교적 강한 바람이 지속된다. 이에 따라 제주도는 국내 풍력 발전의 실증과 상용화가 가장 먼저 이루어진 지역이 되었다.

제주도의 사례

그러나 제주도의 바람은 연중 일정하지 않으며, 계절에 따라 뚜렷한 변동성을 보이고, 이로 인해 풍력 발전의 출력 특성과 전력 계통 운영에도 큰 영향을 미친다. 먼저 제주도의 풍속 특성을 보면, 상층 100m 기준 월별 평균 풍속은 뚜렷한 계절성을 가진다. 겨울철인 11월부터 2월까지는 평균 풍속이 약 8-9m/s 수준으로 가장 강하게 나타난다. 이 구간은 대형 풍력 터빈이 정격 출력에 근접한 발전을 수행할 수 있는 매우 우수한 조건에 해당한다. 실제로 이 시기에는 풍력 발전량이 많이 증가하며, 제주도의 전력 생산에서 풍력이 차지하는 비중도 급격히 높아진다. 봄과 가을에는 평균 풍속이 약 6-7m/s 수준으로 유지된다. 이 구간 역시 풍력 터빈의 시동 풍속을 충분히 넘는 조건이기 때문에 안정적인 발전이 가능하며, 연속적인 전력 생산이 이루어진다. 발전 효율 측면에서도 가장 이상적인 구간이라 할 수 있다. 반면 여름철인 6월부터 8월까지는 평균 풍속이 약 4-5m/s 수준으로 낮아진다. 이 시기에는 바람이 약해지면서 풍력 터빈 출력이 감소하고, 정격 출력

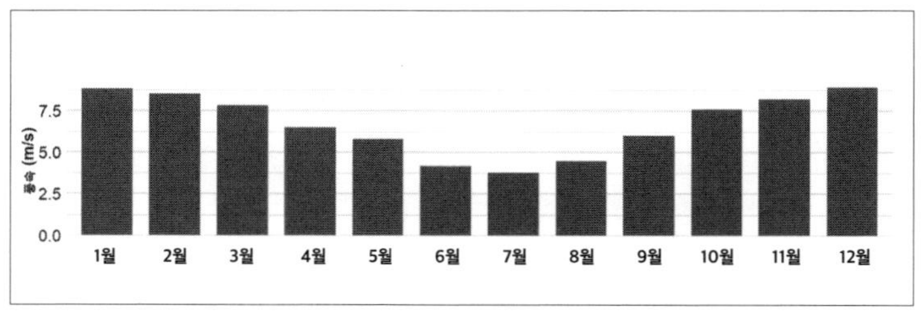

그림 6 · 제주도 월별 평균 풍속(상층 100M)

기간: 2014-2023년(10년 평균 데이터)

출처: 기상청 , Global Wind Atlas

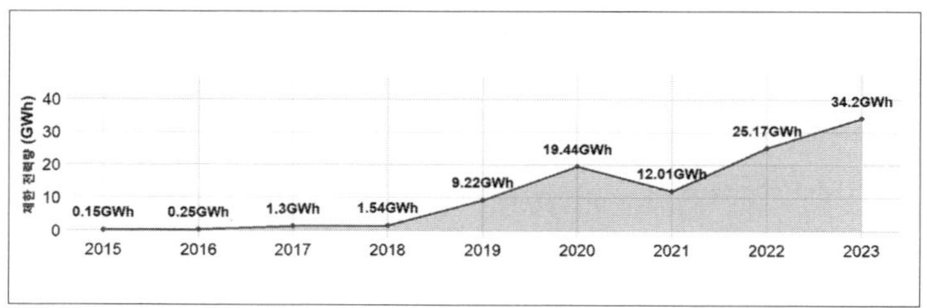

그림 7 · 제주도 풍력 출력제한(Curtailment) 추이

기간: 2015-2023년(실측 통계 데이터)

출처: 전력거래소(KPX)

에 도달하는 시간도 줄어든다. 그런데도 평균 풍속이 시동 풍속을 상회하기 때문에 발전은 지속적으로 이루어진다. 다만 겨울철에 비해 발전량이 감소하는 계절적 차이가 분명히 나타난다.

이처럼 제주도의 풍력 발전은 계절에 따라 발전량의 변동 폭이 크며, 특히 겨울철에 생산이 집중되는 구조를 가진다. 이는 전력 수요가 증가하는 난방 철과 맞물려 긍정적인 효과를 가지지만, 동시에 전력 계통 운영 측면에서는 새로운 과제를 만들어 낸다.

출력 제한(Curtailment) 추이는 이러한 구조적 문제를 잘 보여준다. 출력 제한이란 풍력 발전 설비가 충분히 발전할 수 있는 바람 조건을 갖추었음에도, 송전망 용량 부족이나 계통 안정성 문제로 인해 발전 출력을 인위적으로 줄이는 현상을 의미한다. 2015년 0.15GWh에 불과했던 제한량이 2023년에는 34.2GWh로 약 220배 이상 증가했다. 풍력 설비는 계속 늘어나는데, 제주도 내 전력망이 이를 수용하지 못해 멀쩡한 발전기를 강제로 멈춰야 하는 상황이다. 2023년 기준 버려진 34.2GWh는 수천 가구가 한 달 동안 사용할 수 있는 막대한 양의 청정에너지가 허공으로 날아갔음을 의미한다.

결국 제주도는 풍력 자원 자체는 우수하지만, 운영의 유연성이 부족한 상태다. 전력 계통 인프라 구축이 시급하고, 전력이 남는 시간에 소비를 촉진하여 출력 제한을 줄이는 수요 관리 정책(DR)과 에너지 저장 장치 또는 전기차 배터리를 거대한 에너지 저장고로 활용하여 계통의 불안정성을 해소하는 V2G 전략이 필요하다. 여기서 V2G(Vehicle-to-Grid)는 전기차를 단순한 이동 수단을 넘어, 움직이는 에너지 저장 장치로 활용하는 기술을 의미한다. 즉, 전기차 배터리에 저장된 전력을 전력망으로 다시 보낼 수 있는 양방향 충전 기술이다.

기술만큼 중요한 입지 선택

칠레는 한 나라 안에서도 해안, 산악, 고위도 지역 등 서로 다른 기후와 지형 조건이 크게 달라, 바람 자원의 공간적 차이를 비교하기에 적합한 국가다. 바람의 빈도를 알아보기 위해서 바람의 세기는 0.5m/s의 풍속 간격으로 구분했다.

라세레나(La Serena) 지역은 칠레의 중북부 태평양 연안에 있는 도시로 평균 풍속이 약 2.7m/s로 비교적 낮은 수준에 머무른다. 대부분의 바람이 5m/s 이하 구간에 집중되어 있어 대형 풍력 발전보다는 소형 분산형 풍력에 적합한 조건을 가진 지역으로 평가된다. 풍력 발전의 경제성을 확보하기에는 다소 불리한 입지로 볼 수 있다.

비냐델마르(Viña del Mar) 지역은 평균 풍속이 약 3.2m/s로 라세레나보다 다소 큰 값을 보인다. 칠레 중부 태평양 연안의 해안 지역 특성상 바람이 비교적 꾸준하게 불지만, 풍속 분포의 중심이 여전히 낮은 구간에 있어 대규모 풍력 발전 단지 조성에는 제한적인 여건을 가진다.

콘셉시온(Concepción) 지역은 칠레 중남부 태평양 연안 도시로 해안과 내륙이 맞닿은 연안 산업 지역이다. 평균 풍속이 약 3.7m/s로 다섯 개 지역 중 중간 수준의 풍속 조건을 보인다. 풍속의 변동성이 크고 분포 폭이 넓게 나타나며, 이는 약한 바람과 강한 바람이 모두 빈번하게 발생하는 지역적 특성을 반영한다. 발전 가능성은 존재하지만, 연중 안정적인 대형 풍력 발전을 위한 입지로는

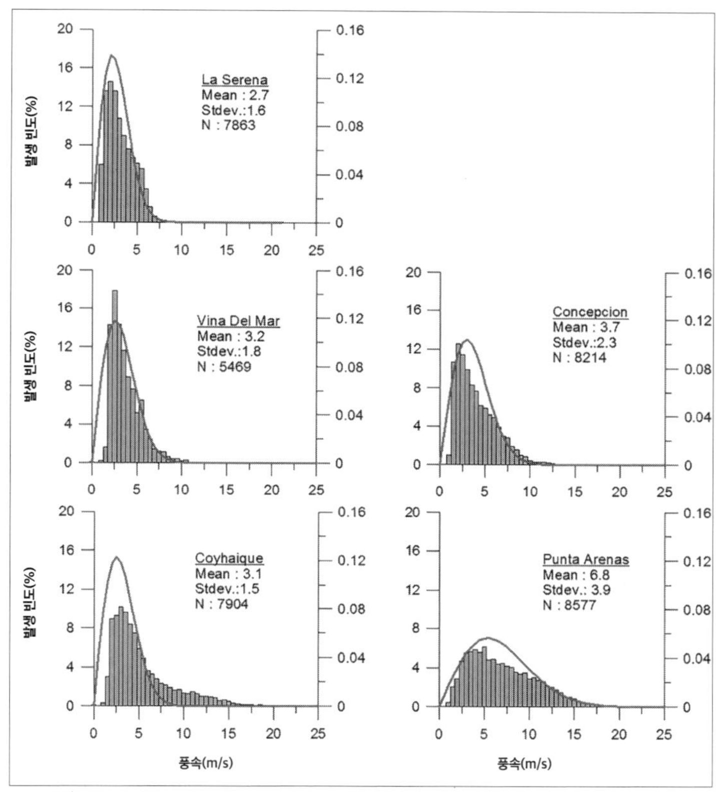

그림 8 · 칠레의 주요 도시에서 풍속의 발생 빈도현황

출처: 장유운 등(2012)

다소 불확실성이 존재한다.

코이아이께(Coyhaique) 지역은 평균 풍속이 약 3.1m/s로 중간 수준의 풍속 조건을 보이지만, 강풍 구간이 길게 나타나는 특징을

가진다. 칠레 남부 파타고니아 내륙 산악 지형의 영향으로 국지적인 가속 바람이 자주 발생하는 지역으로 해석되며, 특정 지점에서는 우수한 풍력 자원이 형성될 가능성이 있다.

반면 푼타아레나스(Punta Arenas) 지역은 칠레 최남단의 마젤란 해협 연안에 위치한 해안 도시로 평균 풍속은 약 6.8m/s이며 다른 지역과 뚜렷한 차이를 보인다. 풍속 10m/s 이상의 강풍도 자주 발생하며, 전체 분포가 높은 풍속 구간으로 이동해 있다. 이는 풍력 터빈이 정격 출력에 근접한 발전을 수행할 수 있는 시간이 매우 길다는 것을 의미한다. 풍속 변동성은 크지만, 전반적인 바람의 에너지가 매우 풍부한 지역으로 평가된다.

02

풍력 발전

풍력 터빈이 대형화되는 이유

풍력 터빈은 바람을 받아 블레이드가 회전하면서 운동 에너지를 전기로 전환한다. 이 과정에서 바람의 세기와 터빈 크기는 발전량에 영향을 직접 주는 중요한 요소가 된다. 우선 풍속이 중요한 요인으로 작용한다. 바람이 강하게 불수록 블레이드 회전 속도는 빨라지고, 이에 따라 더 많은 전력이 생산된다. 특히 풍속이 조금만 증가해도 발전량은 기하급수적으로 늘어난다. 예를 들어, 바람 세기가 두 배로 커지면 전기 생산량은 단순히 두 배가 아니라 여덟 배 가까이 많아질 수 있다. 따라서 풍속이 높고 일정하게 유지되는 지역일수록 풍력 발전에 유리하다.

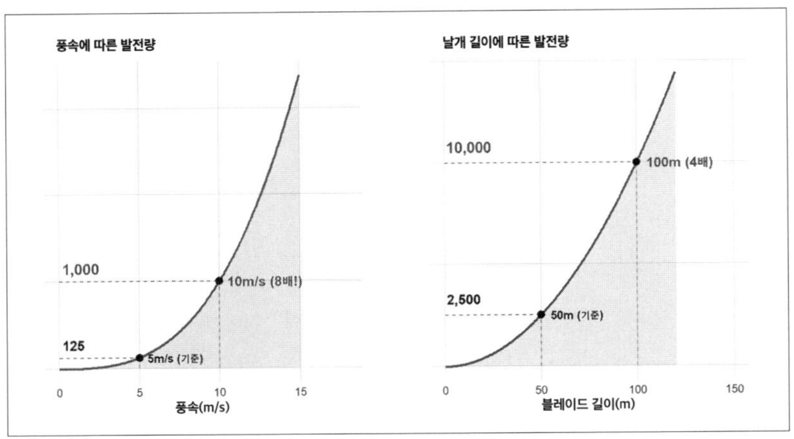

그림 9 · 풍속과 날개 길이에 따른 발전량

출처: 저자 그림

또한 바람을 받아들이는 면적도 발전 효율에 큰 영향을 미친다. 이 면적은 블레이드 길이에 의해 결정되며, 블레이드가 길수록 더 넓은 범위의 바람을 받아들여 에너지를 더 많이 흡수할 수 있다. 예컨대 날개 길이가 두 배로 늘어나면 풍력 터빈의 발전량은 4배가 된다. 결국 풍력 발전의 효율을 높이기 위해서는 바람이 자주 불고 강하게 부는 지역에 날개가 긴 대형 풍력 터빈을 설치하는 것이 가장 효과적이다.

풍력 터빈 블레이드와 비행기 날개의 원리: 양력의 생성

풍력 터빈의 날개는 단순히 바람에 밀려 돌아가는 것이 아니라 비행기 날개와 유사한 공기 역학적 원리에 따라 회전한다. 그 핵심은 양력(lift)이라는 힘이다. 비행기가 하늘을 나는 것도, 풍력 터빈이 회전하는 것도 공기의 흐름과 날개 모양이 만들어 내는 압력 차이에 의해 가능하다.

비행기와 풍력 터빈의 날개는 위쪽이 볼록하고 아래쪽은 평평하거나 덜 굽은 형태로 설계된다. 바람이 날개를 통과할 때 위쪽 공기는 더 빠르게 흐르고, 아래쪽 공기는 상대적으로 느리게 흐른다. 공기 흐름 속도 차이에 따라 압력이 달라지는데, 빠르게 흐르는 공기는 압력이 낮고 느리게 흐르는 공기는 압력이 높게 형성된다. 이로 인해 위쪽은 낮은 압력, 아래쪽은 높은 압력이 형성되어 날개를 위로 들어 올리는 힘, 즉 양력이 발생한다.

풍력 터빈의 블레이드도 동일한 원리를 따른다. 바람이 블레이드의 위와 아래를 지나면서 속도 차이와 압력 차이가 생기고, 이 힘이 블레이드를 회전시키는 원동력이 된다. 이때의 힘은 단순히 바람에 의해 밀리는 저항이 아니라 바람을 끌어당기는 듯한 힘으로 작용해 훨씬 효율적이고 강력한 회전을 만든다. 따라서 풍력 터빈은 낮은 풍속에서도 회전할 수 있으며 바람의 에너지를 효과적으로 전기 에너지로 전환할 수 있다.

풍력 터빈의 효율

〈그림 10〉은 풍력 터빈이 바람으로부터 에너지를 얼마나 효율적으로 추출할 수 있는지를 이론적으로 설명하는 파워계수(Cp) 곡선을 나타낸 것이다.

간섭계수는 풍력 터빈이 바람의 흐름을 얼마나 감속시키는지를 나타내는 지표다. 바람이 터빈을 통과하면서 속도가 줄어드는데, 이 감소 비율을 수치로 표현한 것이 간섭계수다. 예를 들어 간섭계수 a가 0이면 바람을 전혀 감속시키지 않는 상태이고, a가 커질수록 터빈이 바람의 운동 에너지를 더 많이 빼앗고 있다는 의미가 된다.

파워계수는 바람이 가지고 있는 전체 에너지 중에서 풍력 터빈이 실제로 전기 에너지로 변환할 수 있는 비율을 나타낸다. 파워계수가 0.5라면 바람 에너지의 50%를 전력으로 바꾸고 있다는 뜻이다.

풍력 터빈 효율 그림을 보면 파워계수 Cp는 간섭계수 a가 증가함에 따라 처음에는 빠르게 증가하다가, 간섭계수 a가 1/3 지점에서 최댓값에 도달한다. 이때의 최대 파워계수는 0.593(59.3%)이며, 이것이 바로 잘 알려진 베츠 한계(Betz limit)다. 이는 어떤 풍력 터빈도 이론적으로 바람 에너지의 약 59% 이상은 추출할 수 없다는 물리적 한계를 의미한다.

간섭계수가 1/3보다 작을 때는 터빈이 바람을 충분히 활용하지 못하는 상태이며, 아직 더 많은 에너지를 추출할 여지가 있는

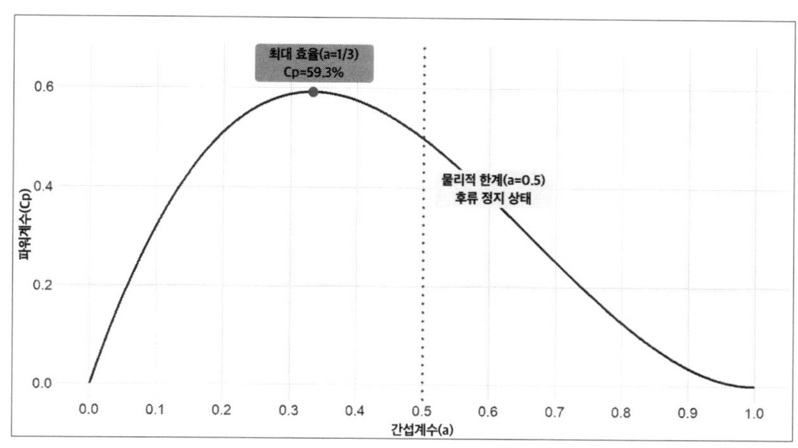

그림 10 · 풍력 터빈 효율

출처: 저자 그림

구간이다. 반대로 간섭계수가 1/3을 넘어서면 바람의 흐름이 과도하게 감속되면서 오히려 전체 에너지 추출 효율이 감소한다. 이 때문에 파워계수 곡선은 간섭계수가 1/3 이후부터 점차 하강하는 형태를 보인다.

특히 간섭계수가 0.5인 지점은 물리적으로 중요한 경계이다. 이 구간을 넘어서면 바람이 터빈 뒤쪽에서 정체되거나 역류하는 현상으로 교란(turbulence)이 발생할 수 있으며, 이론적인 정상 유동 해석이 성립하지 않는 영역으로 간주된다. 그림에서 점선으로 표시된 간섭계수 0.5는 이러한 물리적 한계를 나타낸다.

결국 풍력 터빈이 바람을 지나치게 많이 막아도 안 되고, 너무 적게 이용해도 안 되며, 가장 이상적인 상태는 바람 속도를 약

1/3만 감속시키는 조건이라는 점을 보여준다. 현대 풍력 터빈의 블레이드(날개) 설계와 제어 기술은 바로 이 최적 조건에 가깝게 운전되도록 정밀하게 설계되어 있다.

풍력 터빈의 종류와 효율: 주속비에 따라 달라지는 발전 성능

풍력 터빈의 효율은 단순히 바람의 세기나 터빈의 크기에 의해 결정되지 않는다. 동일한 조건에서도 터빈의 설계 방식에 따라 전기를 얼마나 효과적으로 생산할 수 있는지가 달라진다. 이때 핵심적으로 고려되는 개념 중 하나가 주속비(Tip Speed Ratio)이다. 주속비란 날개 끝부분의 회전 속도를 바람의 속도로 나눈 값으로, 날개 끝이 바람보다 얼마나 빠르게 움직이는지를 보여주는 지표이다. 이 값이 지나치게 작으면 날개가 느리게 돌아 바람의 에너지를 충분히 흡수하지 못한다. 반대로 값이 너무 크면 날개가 과도하게 빠르게 회전하여 소음이 증가하고 구조적 부담이 커진다. 일반적으로 풍력 터빈은 주속비가 6에서 8 사이일 때 가장 효율적으로 작동한다. 이 범위에서는 바람의 에너지를 효과적으로 흡수하면서도 구조적 안정성과 소음 문제를 적절히 조절할 수 있다.

다양한 풍력 터빈의 효율 그림은 여러 종류의 풍력 터빈이 주속비에 따라 어느 정도의 효율로 전기를 생산하는지를 비교한 자료다.

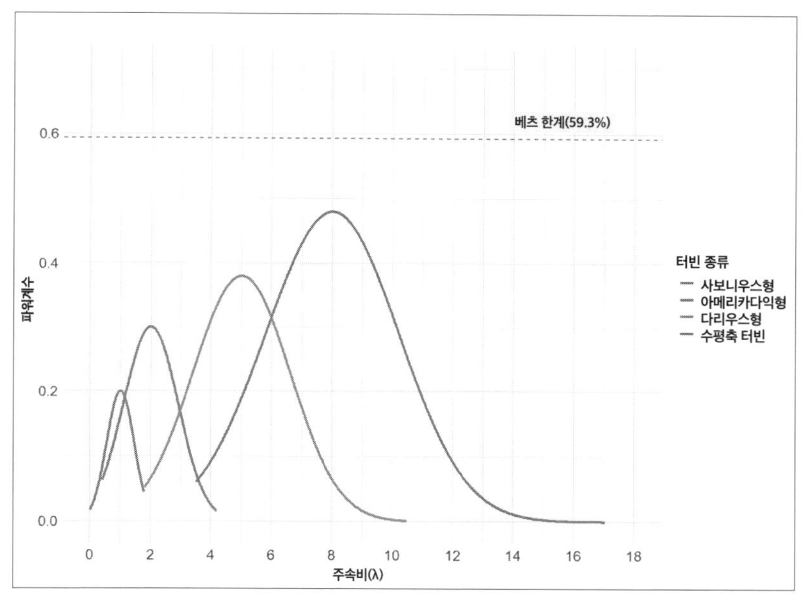

그림 11 · 다양한 풍력 터빈의 효율

출처: Manwell et al.(2010)

먼저 사보니우스형 풍력 터빈은 반원통 모양의 날개를 마주 보게 배치한 구조로, 바람을 받는 면과 바람을 피하는 면의 힘의 차이로 회전하는 방식이다. 이 터빈은 구조가 매우 단순하고 바람의 방향이 자주 바뀌는 환경에서도 안정적으로 작동한다. 약한 바람에서도 쉽게 회전하기 때문에 시동성이 뛰어나지만, 회전 속도가 느리고 공기 저항이 커서 발전 효율은 높지 않다. 따라서 사보니우스형은 소형 발전기에 주로 사용된다. 사보니우스형 터빈은 매우 낮은 주속비 영역에서 작동하며, 약한 바람에서도 쉽게 회전하는 장점이 있지만 공기 저항이 커서 효율은 높지 않다.

아메리카 다익형은 여러 장의 날개를 가진 전통적인 풍차 형태의 터빈이다. 바람을 넓은 면적으로 받는 구조이기 때문에 낮은 풍속에서도 안정적으로 회전할 수 있다. 다만 날개 수가 많아 공기 저항이 커지고 회전 속도가 제한되기 때문에 고속 회전에는 적합하지 않다. 주로 농업과 목축의 양수용으로 이용된다. 아메리카 다익형 터빈은 사보니우스형보다 약간 높은 주속비 영역에서 작동하며, 여러 장의 날개로 바람을 넓게 받아 큰 회전력을 얻는 구조이지만 회전 속도가 빠르지는 않아 중간 정도의 효율을 보인다.

다리우스형 터빈은 중간 수준의 주속비 영역에서 가장 높은 효율을 나타내며, 양력을 이용해 회전하기 때문에 상대적으로 높은 파워계수를 얻을 수 있다. 수평축 터빈은 가장 높은 주속비 영역에서 작동하는 고속형 터빈으로, 현대 대형 풍력 발전기에 사용되는 대표적인 구조이다. 이 터빈은 공기 역학적으로 최적화된 날개를 사용하여 가장 높은 효율을 달성한다.

풍력 터빈의 하이브리드

풍력 터빈은 하루 동안 바람의 세기에 따라 시간대별 전력 생산량이 달라진다. 이른 아침이나 늦은 저녁에 바람이 강하게 불면 해당 시간대에 풍력 발전량이 높아지고, 낮에는 바람이 약해 발전량이 줄어든다. 따라서 풍력 발전은 하루 종일 전기를 생산할 수 있지만, 시간대에 따라 출력이 변동되는 특성을 가진다.

이러한 변동성을 보완하는 방법으로 태양광 발전과의 결합이 효과적이다. 태양광은 오전 9시부터 오후 4시 사이에 집중적으로 전력을 생산하므로, 낮 시간대 풍력의 출력 저하를 보완할 수 있다. 이와 같이 두 에너지원이 상호 보완적으로 작동하면 하루 전체 전력 공급이 보다 안정적이고 균형 있게 이루어진다. 동시에 전력 생산 공백을 줄이고 에너지 자원의 활용도를 높일 수 있으며, 하이브리드 시스템은 재생에너지의 간헐성을 극복하는 데 기여한다.

또한 풍력과 태양광에 에너지 저장 장치를 결합하면 전력 공급의 안정성과 효율성이 더 향상된다. 에너지 저장 장치는 전기가 남는 시간대에 전력을 저장해 두었다가 수요가 높은 시간에 방출하여 전력 수급 불균형을 조절한다. 예를 들어, 밤에 생산된 풍력 전력을 저장했다가 태양광 발전이 줄어드는 저녁 시간대에 공급할 수 있다. 이를 통해 전력 운용의 유연성을 확보하고 수익성도 개선할 수 있다.

대안 풍력

기존의 풍력 발전기는 블레이드를 회전시켜 전기를 생산하는 방식으로서 효율성과 대형화 측면에서 이미 성숙한 기술로 자리 잡았다. 그러나 이 방식은 소음, 조류 충돌, 설치 부지의 한계 같은 문제를 안고 있으며, 특히 도심 주변이나 생태적으로 민감한 지역에서는 적용에 제한받는다. 이러한 한계를 극복하기 위해 전 세계적으로 다양한 형태의 혁신적 풍력 시스템이 개발되고 있으며, 이들은 환경 영향을 줄이고 소형화·분산형 전력 생산·재료 절약 등의 장점을 지닌다.

스페인에서 개발된 보텍스 블레이드리스(Vortex Bladeless) 시스템은 회전 날개 없이 진동만으로 전기를 생산한다. 기둥 형태의 본체가 바람에 의해 진동하면서 그 에너지를 전기로 전환하는 원리로 작동하며, 조용하고 회전하지 않기 때문에 조류 충돌이나 소음 문제가 거의 없다. 높이 9m 규모의 장비는 약 1kW의 전력을 생산하며, 구조가 단순하여 저비용으로 제작할 수 있고 유지 관리가 용이하다. 다만 대형화에는 한계가 있으며 전력 생산량이 적다는 한계가 존재한다. 그런데도 도시형 풍력, 주거지 근처, 저소음이 필요한 지역에서는 보완 대안으로서 유용하게 평가된다.

태양광 패널과 수직축 풍력 터빈을 결합한 태양광·풍력 복합 시스템(Hybrid Sun and Wind)도 개발되고 있다. 이 장치는 풍력과 태양광의 시간적 차이를 보완하여 하루 전체 발전 안정성을 높일 수 있으며, 공공 공간이나 주택 옥상 등 작은 면적에도 설치할 수 있다. 또한 기후 조건에 따라 풍력 또는 태양광의 비중이 자동으로 조절되는 형태가 개발되어, 효율적인 분산형 에너지 공급 방안으로 주목받는다.

가장 주목받는 신기술 중 하나는 공중 풍력(Airborne Wind Energy)이다. 이 기술은 지상 100-300m 이상의 고도에서 더 강력하고 일정한 바람을 포착하여 연, 드론, 비행기 형태의 장치를 띄워 전기를 생산하는 방식이다. 대표적인 예로는 비행선 모양의 플랫폼을 띄우는 Altaeros BAT, 드론 형태의 발전기를 활용하는 Makani Airborne Wind Turbine, 커다란 연 형태의 날개를 바람에 띄워 케이블을 통해 지상으로 에너지를 전달하는 SkySails 등이 있다. 이 방식은 해상, 무인 지역, 산악 지역처럼 지상 설치가 어렵거나 바람이 강한 곳에서 특히 효과적이며, 기초 구조물이 거의 필요하지 않아 설치 비용이 적고 환경 영향이 최소화되는 장점이 있다.

03

환경 영향

풍력 발전의 지속 가능성과 환경적 고려

풍력 발전은 이산화탄소를 거의 배출하지 않는 청정에너지로 알려져 있으나, 다른 모든 에너지원과 마찬가지로 완전히 깨끗한 기술은 아니다. 운영 과정에서 주변 환경이나 생태계에 영향을 미칠 수 있는 몇 가지 문제가 존재하며, 풍력 발전의 지속 가능성을 논의하기 위해서는 이러한 부작용도 함께 이해하고 대응 방안을 모색하는 것이 필요하다.

풍력 터빈이 회전할 때 날개가 공기를 가르는 소리가 지속적으로 발생한다. 이 소리는 일반적인 기계음보다 저주파에 가까우며, 사람의 귀에 크게 들리지 않더라도 피로감이나 불안감, 수면장애를 유발할 수 있다는 연구 결과가 보고되고 있다. 또한 근처에 거주하는 주민들에게 지속적인 스트레스 요인이 되기 때문에 풍력 발전소는 주거지와 일정 거리 이상 떨어진 곳에 설치하도록 한다.

날씨가 맑고 태양이 낮게 떠 있을 때 회전하는 날개가 만들어내는 그림자가 주기적으로 깜빡이며 집이나 창문을 통과할 수 있다. 이 현상을 새도 플리커라고 하며, 사람에 따라 시각적 불쾌감, 두통, 집중력 저하를 유발할 수 있다. 따라서 풍력 발전소 입지를 선정할 때는 태양의 고도, 터빈 방향, 거주지의 위치 등을 함께 고려하여 피해를 줄이도록 한다.

풍력 터빈은 철새의 이동 경로와 겹칠 경우 새들과의 충돌 사고를 일으킬 수 있다. 고속으로 회전하는 블레이드는 조류에게 잘 보이지 않으며, 일정한 높이로 이동하는 새들이 피하지 못해 대량 폐사로 이어지는 경우가 있다. 또한 일부 지역에서는 박쥐와 같은 야생 생물의 서식지가 파괴되기도 하므로, 풍력 발전소 설치 전 환경영향평가와 조류 이동 경로 분석을 반드시 시행해야 한다.

풍력 터빈을 제작하기 위해서는 철, 구리, 알루미늄 등 많은 금속 자원이 필요하다. 블레이드, 타워, 발전기 내부가 대부분 금속 부품으로 이루어져 있어 제조 과정에서 에너지와 자원을 많이 소비한다. 이러한 점에서 풍력 발전도 지속 가능한 순환 구조 속에서 운영되어야 할 필요가 있다.

풍력 발전의 또 다른 현실: 고장과 노후화의 문제

풍력 발전은 친환경 에너지라는 장점과 함께 점차 보급이 확대되고 있지만, 시간이 흐르면서 고장률 증가와 수익성 저하라는 현실적 문제가 드러나고 있다. 이러한 문제는 단순한 기술적 어려움만이 아니라, 유지 비용과 신뢰도, 에너지 공급 안정성과 직결되는 중요한 과제라 할 수 있다.

강원도 인제 지역에 설치된 750kW급 풍력 터빈 7기(총사업비 약 160억 원) 가운데 무려 6기가 고장을 일으켰다. 그중 절반 이상은 40차례 이상 반복적으로 수리가 이루어졌으며, 2023년 한 해만 보더라도 발전 수익은 약 1억 원에 불과했지만, 수리 비용은 2억 6천만 원에 달해 적자 구조가 발생했다. 해당 터빈들은 국산 제품이지만 핵심 부품을 해외 수입에 의존하는 경우가 많아, 부품 조달에 상당한 시간과 비용이 소요되고 있다. 이 사례는 장기 운영에서 신뢰성과 유지 비용을 반드시 고려해야 함을 보여준다.

강원도 영월에서 운영된 풍력 발전기 역시 유사한 문제를 드러냈다. 13년간 3대의 터빈이 총 17억 원의 수익을 올렸으나, 유지 보수 비용만 13억 원이 들어갔다. 게다가 한 기는 약 1년 동안 고장으로 가동이 중단되었으며, 발전 수익보다 유지 비용이 더 많거나 비슷한 상황이 발생했다. 이는 경제성 측면에서 풍력 발전 사업의 지속 가능성을 재검토할 필요성을 나타낸다.

제주도는 풍력 자원이 풍부한 지역임에도 불구하고, 2023년 기준 전체 40기 중 24기가 설치 후 20년을 초과한 노후 설비였다.

특히 2014년에는 터빈 화재로 일부 설비가 폐기되거나 가동이 중단된 사례가 발생했다. 그런데도 전면 교체나 대체 계획이 마련되지 않은 상태에서 운영이 지속되면서 수익성 악화와 안전성 우려가 감사원 지적으로 제기되었다.

군산 지역의 풍력 단지는 2002년부터 가동된 10기 규모(총 7.9MW)로, 현재 설치 후 20년이 넘은 상태이다. 이 가운데 6기는 이미 수명 연한을 초과했고, 4기는 가동이 중단된 상태이다. 전문가들은 해당 설비를 수리하거나 철거·교체하는 데 최소 10-15억 원이 들 것으로 예상한다. 더구나 리파워링(기존 터빈을 고성능 신형 터빈으로 교체) 작업을 추진하더라도 기존 전력망이 부족해 생산된 전기를 송전할 인프라가 미비하다는 문제도 동시에 제기된다.

제 7 장

하이드론,
라틴아메리카의 도전

태양과 바람의 잠재량

중남미 지역은 세계적으로도 우수한 풍력 자원을 보유한 지역이다. 대륙의 서쪽에는 태평양, 동쪽에는 대서양이 있으며, 남쪽에는 남극에서 불어오는 강한 편서풍이 더해지면서 광범위한 고풍속 지대가 형성된다. 특히 안데스산맥을 따라 형성되는 지형 효과와 해안선을 따라 부는 해풍은 바람의 속도를 더 증폭시키는 역할을 한다.

100미터 높이에서 측정한 풍속 분포를 보면, 멕시코 남부, 브라질 북동부 해안, 칠레 전역, 아르헨티나 남부 파타고니아 지역은 평균 풍속이 8-10m/s를 넘는 고풍속 지역으로 나타난다. 이러한 풍속 조건은 대형 풍력 터빈이 안정적으로 높은 발전 효율을 유지할 수 있는 최적의 환경에 해당한다. 특히 칠레와 아르헨티나 남

그림 1 · 중남미 지역의 100미터 높이에서 평균 풍속 분포

출처: Global Wind Atlas (World Bank Group / DTU / ESMAP)

부는 남극에서 유입되는 강한 바람의 영향을 직접 받아 세계 최고 수준의 풍력 잠재력을 갖는 지역으로 평가된다.

반면 아마존 유역과 같은 열대 저지대 지역은 울창한 숲과 대기 순환 구조의 영향으로 바람이 약하게 형성되어 풍력 발전에는 상대적으로 불리한 조건을 보인다. 이 지역은 풍력보다는 수력이나 태양광 발전에 더 적합한 특성을 가진다.

이처럼 중남미는 지역에 따라 풍력 조건의 차이가 크지만, 해안과 고원, 남부 고위도 지역을 중심으로 세계 최고 수준의 풍력 벨트가 형성되어 있으며, 향후 글로벌 재생에너지 시장에서 중요한 역할을 수행할 수 있는 잠재력이 매우 큰 지역이라 할 수 있다.

중남미 지역의 태양광 에너지 잠재량 분포 지도는 중남미와 카리브해 전역을 대상으로 태양광 발전 잠재력을 공간적으로 나타낸 자료로, 각 지역에서 태양광 설비를 설치했을 때 얼마나 많은 전기를 생산할 수 있는지를 나타내고 있다.

중남미 지역은 전 세계적으로도 태양광 자원이 매우 풍부한 지역에 속한다. 적도 인근의 안정적인 일사량, 건조한 기후, 넓은 평야와 고원 지형은 대규모 태양광 발전에 매우 유리한 조건을 제공한다. 특히 태양 고도가 높고 연중 일조 시간이 긴 지역일수록 발전 잠재력이 높게 나타난다.

가장 눈에 띄는 지역은 칠레 북부의 아타카마 사막 일대이다. 이 지역은 세계에서 가장 건조한 사막 중 하나로, 구름이 거의 없고 연중 강한 직달 일사가 지속된다. 실제로 아타카마 사막은 대규모 태양광 발전 단지가 집중적으로 조성되고 있는 지역이며, 태양광 발전 단가 또한 세계 최저 수준에 근접해 있다.

페루 남부와 볼리비아 서부의 안데스 고원 지대 역시 높은 태양광 잠재력을 보인다. 이 지역은 고도가 높아 대기가 얇고 태양 복사가 강하게 지표에 도달하며, 강수량이 적어 발전 설비 운영에 유리하다. 고산 지대 특유의 맑은 날씨와 낮은 습도는 태양광 모

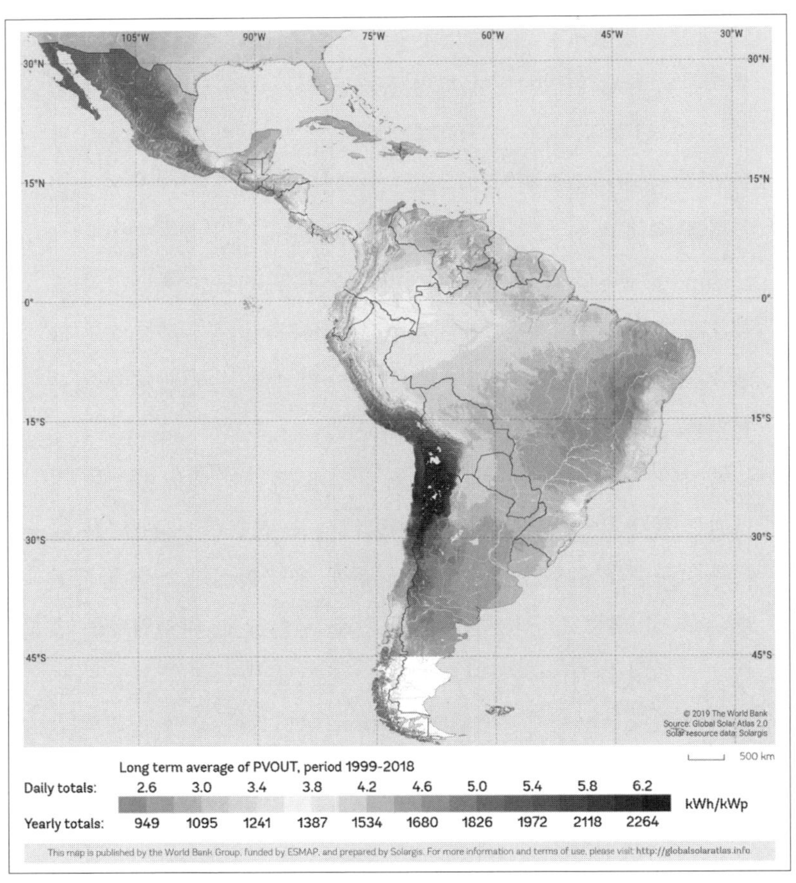

그림 12 · 한국의 에너지 흐름

출처: Global Solar Atlas (World Bank Group / ESMAP / Solargis)

듈의 효율을 높이는 요인으로 작용한다.

아르헨티나 북서부와 멕시코 북부 지역 또한 태양광 발전에 매

우 적합한 지역으로 나타난다. 이들 지역은 사막과 반건조 기후대
가 분포하며, 일조 시간이 길고 계절별 변동성이 비교적 작다. 특히
멕시코 북부는 미국 남서부와 유사한 기후 특성을 보이며, 대규모
태양광 발전 단지를 조성하기에 지리적·기후적 여건이 뛰어나다.

브라질의 경우 지역별 편차가 비교적 크게 나타난다. 북동부 지
역은 건조한 기후와 풍부한 일사량을 바탕으로 태양광 발전에 매
우 유리하지만, 아마존 유역은 연중 강수량이 많고 구름이 자주
형성되어 상대적으로 발전 잠재력이 낮게 나타난다. 그러나 브라
질은 국토가 넓고 다양한 기후대를 보유하고 있어서, 지역 맞춤형
태양광 개발 전략을 통해 막대한 재생에너지 잠재력을 활용할 수
있는 국가로 평가된다.

중앙아메리카와 카리브해 지역 역시 전반적으로 태양광 발전
에 적합한 조건을 갖추고 있다. 적도 부근에 위치해 태양 고도가
높고 연중 일사량이 안정적이며, 섬 지역과 해안 지역은 분산형
태양광 발전에 특히 유리한 환경을 제공한다. 이러한 특성은 에너
지 수입 의존도가 높은 도서 국가들에 에너지 자립의 기회를 제공
할 수 있다.

반면, 아마존 분지와 남부 파타고니아 지역은 상대적으로 낮은
태양광 잠재력을 보인다. 아마존 지역은 열대 우림 기후로 인해 구
름양이 많고 강수 빈도가 높아 태양 복사량이 줄어드는 경향이 있
다. 파타고니아 지역은 위도가 높고 기온이 낮으며, 계절별 일조
시간 변동성이 커 태양광 발전에는 다소 불리한 환경을 가진다.

라틴아메리카는 현재 전 세계에서 재생에너지 전환이 가장 활

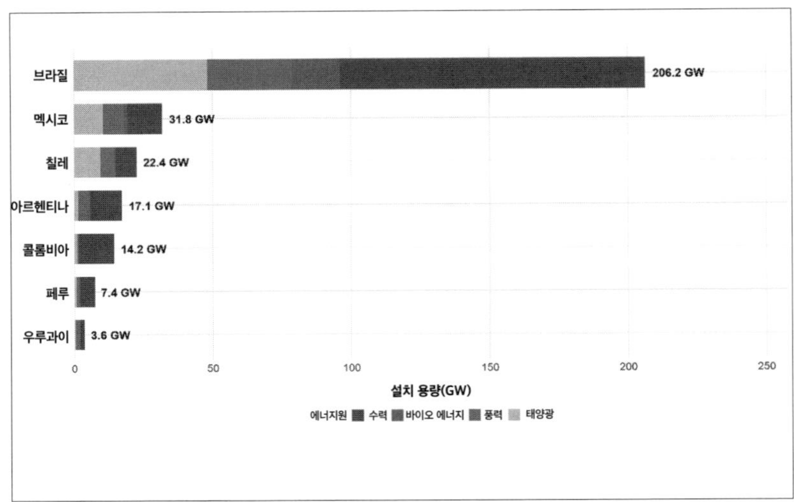

그림 3 · 중남미 주요국 재생에너지 설치 현황(2024-2025)

출처: IRENA(2024), Our World in Data, 브라질 EPE 통계 기반 저자 재구성

발하게 이루어지고 있는 지역 중 하나로 평가된다. 이 지역은 수력, 태양광, 풍력 등 다양한 청정 에너지 자원이 풍부하게 분포하고 있으며, 이를 통해 기후위기에 대응하고 에너지 안보를 강화하며 경제의 지속 가능한 성장을 동시에 추구할 수 있는 잠재력을 지니고 있다. 라틴아메리카와 카리브해 국가들의 경우 전체 전력 생산량의 약 65%를 청정 에너지로 충당하고 있으며, 이는 전 세계 평균인 41%를 훨씬 웃도는 수치로 나타난다.

이 지역에서 가장 높은 비중을 차지하는 재생에너지원은 수력 발전이지만, 최근에는 풍력과 태양광의 성장세가 두드러지고 있다. 이러한 성장은 각국 정부의 정책적 지원, 기술 발전, 그리고 국제 사회의 투자 확대 덕분에 가능했다. 예를 들어, 브라질은 2024년 기준 약 213기가와트에 달하는 재생에너지 설비 용량을 보유하고 있으며, 그중 상당 부분이 태양광과 풍력 발전에서 나온다. 또한 멕시코, 칠레, 아르헨티나, 콜롬비아 등도 각각 15-34기가와트 수준의 재생에너지 용량을 확보하여 지역 전체적인 전환 흐름을 가속화하고 있다.

그리고 2024년 한 해 동안 라틴아메리카 지역에서만 약 25기가와트의 신규 태양광 및 풍력 설비가 설치되었으며, 이는 사상 최대 규모의 증가치다. 특히 브라질은 가정용 소형 태양광 설치가 폭발적으로 늘어나면서 시장 확대의 주된 원동력이 되었다. 지난 5년간 브라질의 소형 태양광 설치 규모는 무려 다섯 배 가까이 증가하며 괄목할 만한 성과를 보였다. 그러나 이러한 성장세에도 불구하고 2025년을 기점으로 신규 설비 증가 속도가 점차 둔화할 것이라는 전망이 제기된다.

이와 관련해 라틴아메리카는 에너지 저장 분야에서도 빠른 진전을 보인다. 칠레는 현재 라틴아메리카 최대의 에너지 저장 시장으로 부상하며, 대규모 리튬이온 배터리를 도입해 송전 병목 현상을 완화하고 있다. 브라질과 아르헨티나에서는 수소 저장 시스템을 활용한 실증 프로젝트가 추진되고 있으며, 중장기적으로는 수소 기반의 에너지 체계를 구축하려는 움직임이 가시화되고 있다. 동시에 브라질, 칠레, 콜롬비아 등에서는 그린 수소의 생산과 수출을 위한 프로젝트가 활발히 진행되고 있다.

　라틴아메리카의 에너지 전환을 가능하게 하는 중요한 기반 중 하나는 녹색 금융이다. 2024년 기준으로 이 지역에서 지속 가능한 프로젝트에 투자된 자금은 약 280억 달러에 달하며, 이는 전년 대비 약 15% 증가한 수치다. 브라질, 칠레, 콜롬비아 등의 정부와 기업들은 그린본드를 발행하여 국제 금융 시장에서 자금을 유치하고 있으며, 녹색기후기금(GCF) 또한 재생에너지와 사회적 포용을 연계한 프로젝트를 적극 지원하고 있다. 특히 농촌 지역에 전력을 보급하는 사업들이 대표적인 수혜 대상이다.

　라틴아메리카는 리튬, 구리, 니켈 등 재생에너지 전환에 필수적인 핵심 광물 자원의 보고이기도 하다. 아르헨티나, 칠레, 볼리비아는 세계적으로 잘 알려진 리튬 삼각 지대에 있으며, 이 지역은 전기차 배터리 산업과 에너지 저장 기술 발전을 위한 전략적 자원 공급처로 주목받고 있다.

02

새로운 도전, 수소

라틴아메리카는 풍부한 재생에너지 자원을 바탕으로 저탄소 수소 생산의 최적지로 떠오르고 있다. 라틴아메리카에서 가장 적극적으로 그린수소 전략을 추진하는 곳이 칠레다. 칠레 정부는 2030년까지 세계에서 가장 저렴한 그린수소 생산 단가를 목표로 하고 있다. 칠레 북부 사막 지대는 태양광 발전량이 매우 풍부하고, 남부 지방은 풍력 에너지 자원이 풍부하다. 이 조합을 활용하면, 재생에너지 전력 비용을 낮추고, 또 수소 생산 비용도 낮출 수 있을 것으로 기대한다. 그리고 태양 에너지와 풍력 에너지가 풍부하지만, 또 안정적으로 공급될 수 있다는 것도 장점이다.

칠레 정부는 국가 차원의 그린수소 전략을 통해 전해조 설비 확대를 핵심 목표로 설정했다. 정부 계획에 따르면 2025년까지 약 5GW 규모의 전해조 용량을 확보하고, 2030년까지는 이를 25GW 수준까지 확대하는 것이 목표다. 이 수치는 본격적으로 수소 생산국으로 목표를 정했음을 의미한다. 이를 위해서 계획 초기인 현재는 정부 산하 개발기관인 칠레생산진흥공사(Productive Development in Chile, CORFO)가 관련 프로젝트를 주도하고 있다. CORFO는 사업의 초기 단계에 해당하는 6개 프로젝트를 선정하여 지원하고 있으며, 예상되는 누적 전해조 용량은 약 396MW이다. 이 사업들을 통해 약 10억 달러 규모의 민간 투자 유치가 필요하다. 사업이 잘 진행되면 연간 약 4만 5천 톤 수준의 그린수소 생산이 가능할 것으로 전망된다.

남부 마가야네스(Magallanes) 지역에서 TotalEnergies 프로젝트가 계획 중인데, 이 사업은 약 160억 달러에 달하는 대규모 투자 계획으로, 풍력 발전 단지와 전해조 설비, 담수화 시설, 암모니아 생산 공장을 함께 구축하는 복합 산업단지 형태이다. 이 프로젝트는 하루 약 1만 800톤 규모의 암모니아 생산을 목표로 하고 있으며, 연간 기준으로 환산하면 약 390만 톤 규모이다. 현재는 환경 인허가 절차 단계에 있으며, 실제 착공은 2027년 이후로 예상된다.

칠레 북부 안토파가스타(Antofagasta) 지역에서는 구리 광산과 연계한 수소 공급 프로젝트가 민간 주도로 검토되고 있다. 이 사업은 약 130억 달러 규모로 논의되고 있으며, 광산 산업의 탈탄소화를 목표로 수소를 에너지원으로 활용하는 구조이다. 이는 칠레의 주력 산업인 광업과 그린수소를 결합한 전략적 산업 모델이다.

현재 칠레 전역에서는 약 75개의 그린수소 프로젝트가 등록

되거나 검토 단계에 있다. 이 가운데 약 10개 프로젝트는 파일럿 운전 또는 실제 운전에 들어간 상태이다. 이들 프로젝트에는 약 1GW 규모의 재생 전력이 수소 생산에 투입되고 있다. 칠레의 수소 산업은 연구·실증 단계를 넘어 상업적 운전 단계로 이동하고 있다.

칠레 정부는 2030년까지 수소 생산을 위한 25GW 규모의 전해조 설비를 갖추기로 했다. 또한 2050년까지 약 300GW 규모의 재생 전력을 그린수소 생산에 활용하고, 연간 최대 1억 6천만 톤에 달하는 수소 생산 잠재력을 확보하는 것이 목표이다. 이는 칠레가 세계 수소 시장의 핵심 공급 허브로 성장하겠다는 장기 전략을 반영한 수치이다. 칠레의 그린수소 산업은 국가 차원의 전략 목표, 공공 주도의 초기 상업화 프로젝트, 글로벌 민간 기업이 참여하는 초대형 투자 사업, 그리고 세계 수소 허브 비전을 단계적으로 결합한 구조이다.

그러나 칠레 정부가 제시한 장기적인 그린수소 산업 비전이 현실적으로 실현되기 위해서는 기술적 잠재력뿐 아니라 금융적 조건이 동시에 충족되어야 한다. 칠레 그린수소 생산 단가(LCOH) 민감도 분석 그림은 전력 가격과 자본 비용(WACC)이 변화할 때 수소 1kg을 생산하는 데 드는 평균 비용이 어떻게 달라지는지를 표현한 결과이다.

LCOH는 수소 1kg을 생산하는 데 필요한 평균 비용을 의미하며, 전력 비용, 전해조 설비 투자비, 금융 비용, 설비 가동률, 유지보수비, 물 비용 등이 종합적으로 반영된 지표이다. 그림에서 가

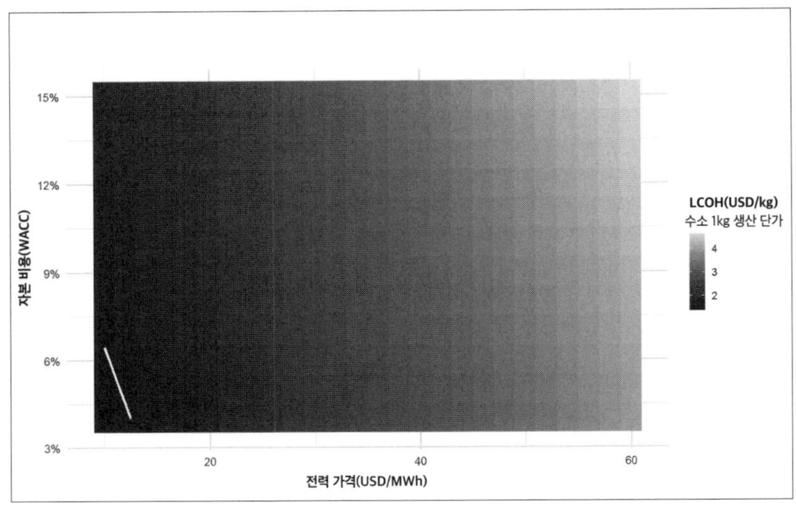

그림 4 · 칠레 그린수소 생산단가(LCOH) 민감도 분석

흰색 선 = 목표 LCOH 1.5 USD/kg (해당 선보다 왼쪽·아래일수록 목표 달성 가능)

출처: Ministerio de Energía de Chile(2020)

로축은 전력 가격, 세로축은 자본 비용(WACC)을 나타내며, 오른쪽 위로 갈수록 전력 가격과 자본 비용이 동시에 상승하기 때문에 수소 생산 단가가 급격히 증가하는 구조를 보인다.

반대로 그림의 왼쪽 아래 영역은 전력 가격이 낮고 자본 비용도 낮은 구간으로, 수소 생산 단가가 가장 낮게 형성되는 영역이다. 이 구간이 바로 칠레 정부가 기대하고 있는 경쟁력 구간이다. 칠레는 풍부한 태양광과 풍력 자원을 바탕으로 세계 최고 수준의 저가 재생 전력을 확보할 수 있는 국가이기 때문에, 이론적으로는 전력 가격 측면에서 매우 유리한 조건을 갖추고 있다.

　그림에 표시된 흰색 대각선은 칠레 정부가 목표로 설정한 수소 생산 단가인 1.5USD/kg 수준을 의미한다. 이 흰색 선보다 왼쪽 아래에 위치한 조건에서는 목표 단가 달성이 가능하지만, 오른쪽 이나 위쪽으로 이동할수록 목표에서 점점 멀어진다. 현재 분석 조건에서는 전력 가격이 매우 낮고 자본 비용이 6% 이하 수준일 때에만 목표 단가에 근접할 수 있음을 보여준다.

　문제는 자본 비용이다. 일반적으로 선진국의 대규모 인프라 프로젝트는 5-6% 수준의 금융 비용으로 자금 조달이 가능하지만, 신흥국 프로젝트는 국가 위험 프리미엄이 반영되어 10-12% 이상의 자본 비용이 요구되는 경우가 많다. 만약 칠레의 수소 프로젝트가 이러한 높은 자본 비용 구조를 적용받게 될 경우, 그림에서 보듯이 수소 생산 단가는 목표선에서 크게 벗어나게 된다.

　이러한 점에서 칠레의 그린수소 전략은 단순히 자연조건과 기술 경쟁력만으로 달성될 수 있는 과제가 아니다. 정부 보증 제도, 국제 금융 기관의 참여, 장기 구매 계약 체결, 정책의 일관성과 안정성 확보를 통해 금융 비용을 낮추는 것이 필수적인 조건이다.

03

칠레와 한국의 협력

우리나라는 2019년 〈수소경제 활성화 로드맵〉을 발표하며 수소를 국가 에너지 전환의 핵심 축으로 육성하는 정책을 본격적으로 추진하기 시작했다. 이후 2021년 〈수소경제 육성 및 수소 안전 관리에 관한 법률〉이 시행되었고, 2022년에는 〈수소경제 이행 기본계획〉을 통해 2050년 탄소 중립 실현을 위한 수소 중심 에너지 체계 구축 방향을 구체화했다. 이러한 정책 흐름에 따라 정부는 2030년까지 수소전기차 약 85만 대 보급, 수소충전소 660기 구축, 수소 발전 확대 등을 추진하며 수소 수요 기반을 단계적으로 확대하고 있다. 이 시기에는 부생수소와 개질수소가 주요 공급원이지만, 중장기적으로는 그린수소 비중을 점진적으로 확대해 나갈 계획이다. 최종적으로 2050년에는 수소가 우리나라 에너지 시스템

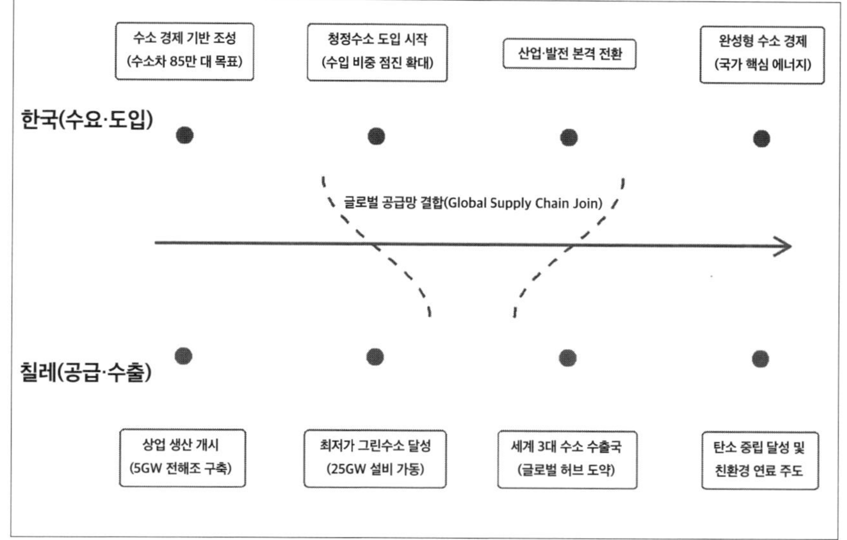

그림 5 · 한-칠레 수소 계획 연관성

(한국의 수요 창출 시점과 칠레의 대량 생산 시점의 구조적 일치)

출처: 저자 그림

의 핵심 에너지원으로 자리 잡는 것을 목표로 하고 있다.

그러나 우리나라의 수소 경제는 구조적으로 수입 의존형 체계로 발전할 가능성이 크다. 대규모 그린수소 생산을 위해서는 막대한 재생에너지 설비와 부지가 필요하지만, 국내 재생에너지 여건과 전력 단가를 고려할 때 해외에서 생산된 수소를 도입하는 것이 경제적으로 더 유리할 가능성이 높기 때문이다. 이에 따라 정부는 장기적으로 해외 청정수소와 그린수소를 안정적으로 도입할 수 있는 글로벌 공급망 구축 전략을 병행하고 있다.

이러한 구조 속에서 칠레의 그린수소 전략은 한국의 수소 로드맵과 자연스럽게 연결된다. 국제에너지기구(IEA)의 장기 전망에 따르면, 칠레는 풍부한 태양광과 풍력 자원을 기반으로 세계에서 가장 낮은 수준의 그린수소 생산 단가를 달성할 수 있는 국가로 평가되고 있다. 대규모 재생에너지 기반 전해조 설비가 구축될 경우, 칠레는 가격 경쟁력과 생산 규모 측면에서 세계적인 수소 공급국으로 성장할 잠재력을 갖는다.

실제로 칠레 정부는 2050년까지 세계 최대 수소 수출국 가운데 하나로 도약하겠다는 장기 비전을 제시하며, 상업 생산 확대와 글로벌 공급망 진입을 국가 전략으로 추진하고 있다. 이러한 칠레의 공급 확대 시점은 한국이 2030년 이후 본격적으로 해외 수소 도입 비중을 늘려가는 수요 확대 시기와 구조적으로 맞물린다. 결국 한국의 수소 수요 확대 전략과 칠레의 그린수소 공급 전략은 장기적인 글로벌 수소 공급망 속에서 상호 보완적인 관계를 형성하게 될 것으로 전망된다.

참고문헌

기상청, 「기상자료개방포털: 순위 통계」, https://data.kma.go.kr/climate/RankState/selectRankStatisticsDivisionList.do

산업통상자원부, 「신재생에너지 공급의무화제도(RPS) 의무비율 목표 현황」, 제10차 전력수급기본계획 및 신재생에너지법 시행령 개정안 기반. https://www.motie.go.kr, 2024.

에너지경제연구원, 『Energy Info. Korea 2023』, 울산: 에너지경제연구원, 2024.

장유운 · 박일수 · 이강웅, 「기상자료를 활용한 칠레의 풍력 자원 평가」, 『중남미연구』 31(1): 121-144, 2012.

전력거래소(KPX), 「계통한계가격(SMP) 및 REC 거래 통계」, 전력통계정보시스템 기반, https://epsis.kpx.or.kr, 2024.

전력거래소, 「제주도 풍력 출력제한 실적 통계」, 기상청 10년 평균 풍속 데이터 포함. https://www.kpx.or.kr, 2024.

전력거래소 & 신재생에너지센터, 「연도별 신재생에너지 의무공급량 및 REC 발급 현황(2012-2024)」, https://epsis.kpx.or.kr. 2024.

BloombergNEF, "Levelized Cost of Electricity Update 2024", 2024.

BMWK, "Mechanism of the Renewable Energy Sources Act (EEG)", https://www.bmwk.de/Redaktion/EN/Dossier/renewable-energy(Original data from Electricity Market Design), 2024.

Energy Institute, *Statistical Review of World Energy 2024* (73rd ed.), https://www.energyinst.org/statistical-review, 2024.

Global Solar Atlas (World Bank Group / ESMAP / Solargis), https://globalsolaratlas.info

Global Wind Atlas, "Mean Wind Speed at 100m: South and North Korea", World Bank, 2024, https://globalwindatlas.info

Global Wind Atlas (World Bank Group / DTU / ESMAP), https://globalwindatlas.info

International Energy Agency, "Energy Intensity Indicators", https://www.iea.org/data-and-statistics, 2024.

International Energy Agency, "World Energy Investment 2024", https://www.iea.org/reports/world-energy-investment-2024, 2024.

International Renewable Energy Agency, "Renewable Capacity Statistics 2024", Abu Dhabi: IRENA, https://www.irena.org/Data/View-Data-by-Topic/Capacity-and-Generation/Statistics-Time-Series, 2024.

International Renewable Energy Agency (IRENA), "Renewable Energy and Jobs: Annual Review 2024", https://www.irena.org/Data(Original data from Our World in Data), 2024.

International Renewable Energy Agency (IRENA), Renewable Power Generation Costs in 2023. Abu Dhabi, 2024.

International Renewable Energy Agency (IRENA), "Renewable Technology Innovation Indicators", Abu Dhabi: IRENA, 2023.

IPCC and UNECE, "Carbon Intensity of Electricity Generation", IPCC AR6 and UNECE Life Cycle Assessment, https://www.ipcc.ch, 2022.

IRENA, "LCOE by Energy Source (2010-2024)", https://www.irena.org/publications, 2024.

IRENA and BNEF, "Levelized Cost of Electricity: 2024 Analysis by Country", https://www.irena.org/publications, 2024.

IRENA and EPE, "Latin America Renewable Energy Capacity: 2024-2025 Status", https://www.irena.org/Data (Original data from Global Renewable Statistics), 2024.

Manwell, J. F., McGowan, J. G., & Rogers, A. L. "Wind Energy Explained: Theory, Design and Application (2nd ed.)", Chichester: Wiley. 2010.

Ministerio de Energía de Chile. "Chile's National Green Hydrogen Strategy: Santiago",https://energia.gob.cl/h2(Original data from cost analysis from IRENA Analysis), 2020.

MSCI ESG Ratings, "ESG and Risk Analysis", Yahoo Finance and Corporate Sustainability Reports, https://www.msci.com, 2025.

NASA Goddard Institute for Space Studies, "GISS Surface Temperature Analysis (GISTEMP v4)", NASA. https://data.giss.nasa.gov/gistemp/ (Retrieved from Our World in Data), 2024.

NASA Earth Observatory, "Earth at Night", https://science.nasa.gov/earth/earth-observatory/earth-at-night/maps/.

Net Zero Tracker, "Net Zero Targets Status", https://zerotracker.net,

2025.

Our World in Data, "Annual CO2 emissions". https://ourworldindata.org/co2-and-greenhouse-gas-emissions, 2024.

Our World in Data, "Carbon Neutrality Concept Map", https://ourworldindata.org/co2-and-greenhouse-gas-emissions, 2024.

Our World in Data, "Energy mix". https://ourworldindata.org/energy-mix (Original data from Energy Institute Statistical Review of World Energy), 2024.

Our World in Data, "Energy mix by Region", https://ourworldindata.org/energy-mix (Original data from Energy Institute Statistical Review of World Energy), 2024.

Our World in Data, "Fossil fuel consumption by country", https://ourworldindata.org/fossil-fuels, 2024.

Our World in Data, "GDP and Greenhouse Gas Emissions Index", Based on World Bank and OWID Dataset, https://ourworldindata.org, 2024.

Our World in Data, "GDP and Population", https://ourworldindata.org/grapher/total-gdp, 2024.

Our World in Data, "Per capita CO2 emissions", https://ourworldindata.org/co2-and-greenhouse-gas-emissions, 2024.

Our World in Data, "Renewable energy capacity by source", (Original data from IRENA data), 2024.

Our World in Data, "Share of electricity from renewables", https://ourworldindata.org/electricity-mix, (Original data from Energy Institute Ember/Global Electricity Review), 2024.

Ritchie, H., Rosado, P., & Roser, M. "CO2 and Greenhouse Gas

Emissions. Our World in Data" https://ourworldindata.org/co2-and-greenhouse-gas-emissions (Original data from Global Carbon Project), 2024

Ritchie, Hannah, et al., "Energy", Our World in Data, Energy Institute (EI), ourworldindata.org/energy, 2024.

생태 문명, 자연 에너지로부터

1판 1쇄 발행 2026년 3월 5일

지은이 | 장유운
펴낸이 | 조영남
펴낸곳 | 알렙

출판등록 | 2009년 11월 19일 제313-2010-132호
주소 | 경기도 고양시 일산서구 주엽로 134 시대프라자 704-1호
전자우편 | alephbook@naver.com
전화 | 031-913-2018, 팩스 | 031-913-2019

ISBN 979-11-24300-02-2 (93950)

* 이 책은 2019년 대한민국 교육부와 한국연구재단의 지원을 받아 수행된 연구입니다.
  (NRF-2019S1A6A3A02058027).

* This work was supported by the Ministry of Education of the Republic of Korea
  and the National Research Foundation of Korea(NRF-2019S1A6A3A02058027)